小倉 善明

建築家

善兵衛旅日記

遊んで学んで考える 31話

建築家　善兵衛旅日記

遊んで学んで考える　三十一話

【目次】

I 善兵衛旅日記

Ⅱ 白馬の春秋

III 善兵衛の流儀

Ⅳ 建築家の独り言

I

善兵衛旅日記

ラッフルズホテルのライターズバー

ヨーロッパ二人旅

紅の豚

わしは、パソコンはおろか、デジタルには疎いことを自認しているが、今回の旅には思い切ってパソコンを持参することにしたのじゃ。

ホテルや空港や飛行機の中でパソコンを使っている格好のよい自分を見たかったわけじゃよ。縄文人を自認しているわしじゃが、時には現代人ぽくやってみたくもなるものなのじゃ。こうなったのも周りの奴どもが、これ見よがしに、メールに写真を貼りつけて送りつけてくることが原因でもあるぞ。

だが、パソコンやら、カメラやら、本やら詰め込むと手荷物はけっこう重くなるぞ。が、仕方あるまい。そのためにバッグからリュックに変えたが、これも物の出し入れには肩から外さねばならず、通関の際など不便なものじゃ。

空港で同行の妻が「パソコンなんて持っていかなくても、ホテルで何でもできるわよ」とサラリと言ってのけたのじゃ。この一言に実は「ギクリ」としたし、いささか心を傷つけられたのじゃが、わしもプライドがあり、無言で聞き流したぞ。

さて、前置きはやめるとしよう。

実は、友人が『紅の豚』のＤＶＤを「ゼンベイさん、このＤＶＤの背景はアドリア海だから、クロアチアに行く前に見ときなよ」とわしに貸してくれたのじゃ。

東京で見る暇もなく、この機会に飛行機の中で見ようと決めたのじゃ。もちろん、こうしたら見られるだろうと、家で一生懸命考えて付属品などを準備したのじゃ。

飛行機はスカンジナビア航空。機内食が終わり、いざいざ予定の行動じゃ。リュックを開け、パソコンを取り出し、電源やら、アダプターやら……まったくなにか地鎮祭の儀式のようで緊張するぜ。

ごそごそしていると、スチュワーデスが通りがかりに、にっこりしたのじゃ。あの笑顔で心臓が止まったかと思ったぜ。「何も俺は悪いことをしていないぞ」と自分に言い聞かせ、作業継続じゃ。

電源にアダプターを取り付け、それと思しきところに差し込むとすんなり入ったぜ。内心「やった！」という気持ちでいっぱいだ。スイッチを入れる。緑のランプがつく！

「ザマヲミロ。コングラチュレーション」じゃ。

持ってきたヘッドフォンをパソコンにつなげる。このヘッドフォンは、以前エコノミークラスに乗ってもファーストクラスの音色でクラシックを聴こうと、大枚を出して買ったＢＯＳＥの逸品なのじゃ。

DVDをパソコンに入れた。画像が出た！（あたりまえじゃが）

一時間半も楽しんだろうか。

あっという間に終わったのじゃが、紅の豚野郎が操縦するリズミカルな空の映像とマドンナの笑顔は、飛行機の快適な揺れでシンクロナイズされ、ビールのおかげもあり、わしも豚野郎になった気持ちじゃった。

これも機内で自分のパソコンを開いたからじゃ、と自己満足の上塗りで極上の気分、言うことなしじゃ。

尿意を覚え、よろよろと立ちあがるが、まだ豚野郎になっている気分。トイレに入って驚いたのじゃよ。トイレは窓付きで、窓から便器にSUNSUNと太陽の光が降り注いでいるのじゃ。生まれて初めての経験じゃよ。

夢心地で、おもむろに息子を取り出し、陽光の中に散水すると、どうじゃ。シャンパンが空から降り注いでいるのを見下ろすような景色じゃ。

見とれていると、なにやら地蔵さまの頭から光の粒が下界に撒かれているように思える。地蔵さんも銀色のススキの中にチン鎮座ましますのじゃ。

「あー、ありがたや、ありがたや」

そこで、このわしは、いちばん銀色に光り輝くススキを選んで二、三本抜いてなあ、空中に落としたのじゃ。ススキが太陽の光を浴びて銀色に輝き、ひらひら、はらはらと舞う姿は神々しかったぞ。光り輝くブルースカイに浮かぶこの景色は、ウーム、この世のものとも思えぬぞ。

青い空の下は、太陽に輝く真っ白な雲海、雲のじゅうたんじゃ。ウーン、壮大な気分じゃのう。

「紅の豚」よ、ありがとうと感じたぞ。

二〇一四年一〇月八日

ヨーロッパ二人旅
サンタ・マリーア

わしの話を聞いた駅員は、わしの顔をじっと見て「オー、サンタ・マリーア」と叫び、両方の手を挙げたあと、十字を切ったのじゃ。午後九時ころ、ウィーン中央駅の改札口での話じゃよ。

事の始まりは、こういうことなのじゃ。

きょうはコペンハーゲンからウィーンに移動し、宿は空港のホテルをとった。その理由は、あすブダペストに行き、一泊してウィーンに戻り、翌日の飛行機でドブロブニクに行くので、空港に宿をとったほうがよいと思ったのじゃ。

スーツケースを空港のホテルに預け、ブダペストには軽装で行けるのじゃから、いい感じじゃろうが。これも同行する、愛する妻のためと思ったのじゃが、実はそうでもなかったようじゃのう。

ホテルを決めたあと、ウィーン〜ブダペスト間を列車の旅にしたのが失敗だったのう。旅自体は快適なのじゃが、駅で切符を買うこと自体がけっこう難儀だったのじゃ。

ホテルで、チェックインをして部屋に入ったあとすぐ、あすの切符を買いにウィーン中央駅に行き、また空港まで戻ることにしたわけじゃ。このとき、まだ時差ぼけはしているし、なにか面倒じゃなという気がしたわい。

東京ではなんでもないことが、実は異郷の地ではけっこう難しくなるものじゃ。ウィーン中央駅で無事ブダペストまでの切符を購入した。

空港からウィーン中央駅までは、CATと呼ばれるノンストップのエクスプレスがあり、一六分で両駅を結んでいる。なかなかのものじゃ。まあ、羽田空港〜品川間というところじゃろう。チケットを買い、始発駅を確かめた。ここまではよかったぞ。あとは晩飯を食べて、CATで空港のホテルに戻るだけじゃ。

気が楽になり、ウィーンの夕暮れを二人でそぞろ歩き。レストランまでの道中、教会からは鐘の音が聞こえ、教会前の広場からは馬車が観光客を乗せ、蹄の音を響かせる。

さすがウィーン、いい雰囲気じゃ。

かすかな夕日が建物を照らし出す。

これは紛れもなく心地よき「時間・空間・建築」じゃよ。

妻がウィーン出身の友人から教わったというお店で、ウィーン名物の料理を食べたまではよかったのじゃよ。

ホロ酔い加減でウィーン中央駅に戻り、自動券売機でチケットを買おうとしたのじゃ。自動券売機がよく分からなくてのう、これまではなんとかしているうちに買えたのじゃが、今回は違ったのじゃ。

自動券売機の切符の取り出し口が、日本の自販機の取り出し口くらい、すなわち低い位置にあると想像してほしいのじゃ。もちろん、切符は紙じゃからゴトンともいわず、音もなく出てくるのじゃ。実はこれが問題じゃった。

手元に現金がないのでカードを使ったのじゃが、何度やっても切符が出てこぬのじゃ。酔っているから、何度も何度もやってしまったのじゃ。

「おかしいのう」「オカシイワ」「おかしいのう」「オカシイワネー」を繰り返したわい。

あまりに出てこないと思ったので切符の取り出し口を見たら、どうじゃ。切符は山のように出ていたのじゃった!!

わしは仰天して、目がくらくらした。

何も考えずに切符を取り出した。

出てきた山のような切符を持ち、近くのカウンターにいた若い駅員に見せて「カクカクシカジカ」と言ったのじゃ。

それで「サンタ・マリーア」となったわけじゃよ。

わしも途方にくれたが、駅員も途方にくれたのう。

二人でトホホノホじゃった。

しかし、この若い駅員は偉かったのじゃ。

「コノ余ッタ切符ヲ現金ニシテ、オ返シシタイノデスガ、ワタシハ雇ワレノ身。上司ノ許可ガナイト現金ニスルコトガデキマセン」

そりゃそうじゃ。

次にこの駅員が考えたことは「コレカラ、ココデ空港駅マデ乗ルオ客ニ切符ヲ売リツケタラドウデショウ」

わしは、なかなか機転のきく男じゃと思ったのじゃが、しかし、この男、時計を見ながら、もじもじし始めたのじゃ。

この男「ワタシ、次ノ列車ノ車掌トシテ空港駅マデ行クコトニナッテオリマス。ココデ乗客ニ切符ヲ売リツケル時間ガアリマセン。ワタシハ車掌、アナタハ乗客、一緒ノ電車デ空港駅ニ行キマショウ。空港駅ニモワタシノ上司ガイルノデ、ソコデ換金デキマス」

列車出発時刻まで、あと五分のことじゃ。

われわれは、切符の束を持って列車に乗り込む。

車掌に早変わりした駅員は、車中のわれわれの姿を確かめて、なんとニッコリ笑ったのじゃ。

空港駅まで一六分。着くと、この車掌は車内まで迎えにきてくれた。

周りの乗客は、いぶかしげな面持ち。

「プリーズ・フォロー・ミー」。駅の事務所に先導するのじゃ。偉いのう。

おかげで、切符の山を無事ユーロに換金してもらい、一時はどうなるかと思ったこの件は事なきを得たのじゃった。

こんなことがいろいろあって気疲れしたのか、翌日、ブダペストのオープンカフェで不覚にも熱を出してシマッタのじゃ。

シマッタのう。

カフェはホテルの近くだったので、ホテルにとって返し、首にタオルを巻きつけ、温め、「わしも年をとったのう」と思いつつ、ベッドに倒れ込んでしまったのじゃよ。

今度は、わしが「サンタ・マリーア」じゃ。午後四時ころのことじゃったわい。

二〇一四年一〇月一〇日

二四時間タオルを首に巻きつけて寝たおかげか、わしは翌朝六時に元気に起きることができたのじゃった。

夜中、汗をびっしょりかいたので「アー、こりゃー治りそうじゃ」という予感がしたが、そのとおりじゃ。わしは今回、姫の添乗員でもあるわけで、わしが寝込むと旅はメチャクチャになるのじゃ。ほっとしたワイ。

話は飛ぶが、わしから聞いた人もいるじゃろうが、風邪を引いたと思ったら薬を飲むのもよいが、まずは首を温めるのが風邪の早期治療のコツなのじゃぞ。

実はこの方法は人から聞いたのじゃが、鼻腔、咽喉の効果的な局所加温ができれば、短時間でウイルス殲滅《せんめつ》が可能とのことなのじゃ。今回は急な症状じゃったし、場所が場所だけに、ペストにかかったかと思ったぞ。

一時はどうなるかと思ったのじゃが、熱も収まり、順調にブダペストの街を楽しんだのじゃ。

この街はご存じ、ドナウ川を挟み、ブダ(ブタではないぞ)とペストから成り立っているのじゃが、実は、この街はオーブダいう街も一緒になってできておるのじゃな。

幾多の戦争、再三の侵略で破壊されてきた歴史があるのじゃが、実に美しい街じゃった。川の西岸のブダは王宮、東岸のペストは商業や住宅地区で、そのコントラストが素晴らしいのじゃ。

オーストリア帝国の悲劇の女王エリザベートは、ハンガリーも支配下であったので好んでこの街を訪れたそうじゃ。ウィーンは政治の中心地じゃから、堅苦しかったのじゃろう。

それにしても、こちらの街はどうしてこのように美しいのじゃろうか。すべてが古くて手づくりの建物だからじゃのう。石積み、石畳、手摺りから街灯まですべて手づくりじゃー。

ブダからペスト市街を望む

新しい街はそれなりに感激はするが、古い街には勝てぬのう。新しい街は機会さえあればわしだって設計できるぞ、などとつい思ってしまうが、何世紀もかけてつくられた街は、ただただ感激するのみで邪念が微塵も入らぬわ。

わしは日本でも古いものが好きじゃ。つまらぬ石垣でも、手で積んだものは美しいと感じるのう。石は人によって運ばれる前に、すでに水で何百年も何千年も磨かれているのじゃ。

美しい街という意味では、次に訪れたドブロブニクの街が典型じゃろう。ドブロブニクは「アドリア海の真珠」と呼ばれる街じゃ。

この街は海の交易地として栄えたが、対岸のイタリアやトルコから再三襲われた。そのために、海に向かって巨大な城壁を築き、結果として市街地の四周はすっぽり城壁で包まれ、四〇〇年余そのままの街の姿がこの世にあるのじゃ。

この城壁の曲線が、また丸く柔らかくてな、とてもたまらぬ形をしているのじゃ。真珠と言われる所以《ゆえん》じゃろうのう。

この美しさを堪能してな、楽しい時間を過ごしたのじゃ。

が、ここでも、ジ・ジ・事件じゃ。

わしは行く先々の情報は、すべて旅行案内書からとっておる。旅に出る前に購入した定評のある案内書に、クロアチア

すり減って光る大理石の道路（ドブロブニク）

の貨幣はクーナという単位で一クーナ＝一四二円（二〇一四年一月現在）と書いてあったのじゃ。だが、いまはどこでもカードが使えるので、現金を両替えすることなく、まずはカードを使ったのじゃ。

街に着いてな、すぐに、街が眼下に見える山にケーブルカーで登ったのじゃが、一人の料金は六〇クーナじゃ。円に換算すると八五〇〇円じゃ。二人で一万七〇〇〇円。たまげたぞ。さすが観光の街とはいえ、あんまりでねえのか、とな。

下に戻って、またまた仰天。のどが渇いたので飲もうとしたペットボトルの水が、なんと一〇クーナじゃ。一四〇〇円じゃよ。ギョギョギョノギョじゃよ。

姫と二人で考えたぞ。

クーナというのじゃから「食うな」じゃ。もうここでは節約して飯食うのをやめるのじゃ。ためしに、レストランのメニューをのぞくと、たいへんなことになりそうじゃ。ちょっと食べても楽に五万円はかかるのじゃ。

それにしても観光客は皆リッチじゃな。楽しそうに食べ、かつ飲んでおるのじゃ。

それにしても、おかしいよのう。

わしは仕方なく、気をとり直して、少しでも安い食い物がないかと思い、市場に行ってみたのじゃ。なにやら売っておったが、野菜やミカンの砂糖漬けみたいなものとかで、昼飯にもならぬものばかりじゃ。腹は空いてくるし、惨めじゃったのう。

が、しかしじゃ。

値段表に、クーナとユーロが併記してあったのじゃよ。それをみると、なんと二五クーナ＝三ユーロなんじゃ。

「姫よ、コリャ、どうなっておるのじゃのう」

姫と教会の階段に座り込んでな、計算をしたのじゃ。

紙切れを取り出し、掛け算、割り算じゃよ。

結果が出たのじゃ。

現地では、一クーナは約一七円ほど。

とすると、ペットボトルは一〇クーナで一七〇円。ケーブルカーは六〇クーナで一〇〇〇円じゃ。

これなら、安堵じゃわい。

安心したためか、夕食は思い切って食べたぞ。姫が、わしの苦労をねぎらってご馳走してくれたのじゃよ。

大皿にのった海の幸を、地元でいちばんのホワイトワインとともに食したのじゃ。美味であったのう。

こんな豪勢なものを食べている観光客は誰もいなかったのう。

殿様の気分であったぞ。

チップをはずむと、フランケンシュタインに似たボーイが最敬礼じゃった。

ちと、はしゃぎすぎじゃったかのう。

二〇一四年一〇月一二日

城壁の外で西日を楽しむ善兵衛

ヨーロッパ二人旅

マリア・テレジア

きょうはドブロブニクからウィーンに行く日じゃ。

機内に入ると、軽やかなウィンナーワルツが響いておった。期待感に満ち、気分が華やぐのう。ウィーンというエンジン音とともに、飛行時間一時間五分、あっという間にウィーンに着いたぞ。

空港からはCATで、ほれ、「サンタ・マリーア」と叫んだ駅員のいたウィーン中央駅に無事到着じゃ。切符の購入は一週間前の入念な練習の成果のせいか、まったく問題なしじゃ。

それよりも、あのとき、なぜこんな簡単なことができなかったのか、わしはただただ恥じ入るばかりじゃ。

ウィーンといえばハプスブルク家、ハプスブルク家といえばマリア・テレジアの名が浮かぶというわけで、ホテルは彼女にちなんでホテル・マリア・テレジアを選んだぞ。

オーストリアの歴史と文化に、姫とともにどっぷり浸ろうとの思いから、ホテルを選んだのじゃ。ウィーンは今回の旅の最後の宿泊地じゃからのう。

わしは旅の企画のときから、ここで旅のハイライトとして、コンサートを聴くことに決めておったのじゃ。

コンサートは午後八時一五分から始まるので、早めに宿を出て街で夕食をとる。なにかあってはいけないからのう。姫がわしを信用しなくなったのじゃ。

「早く行きましょう」と言うのじゃ。

そして、無事に有名なムジークフェラインの大ホールで、姫とともにモーツァルトを聴くことになったのじゃ。ここは毎年、NHKでも中継しているニューイヤーコンサートが開かれるホールじゃ。音がよいのでゴールデンホールと呼ばれているぞ。

もう、すでに二〇年ほど前になるのじゃろうか、わしは一度ここでオーケストラを聴いて、感激した思い出があるのじゃ。

今回、わしは考えた末、指揮者のやや斜め後ろの二階席、舞台が広く見渡せる席に陣取ったぞ。

聴衆のひときわ高い拍手に迎えられて演奏者が、やや間を置いて指揮者が入ってきた。

それを見てたまげたぞ。

皆、かつらをかぶり、当時の衣装を着けておる。これでホール全体はモーツァルトの時代に変わったといっても過言ではなかったのじゃ。

雰囲気にすっかり飲まれているうちに、演奏が始まったのじゃ。

指揮者がタクトを振りおろす。そのタクトの先から音が放たれるというか、音が生まれるというか、指揮者の動きにつれて舞台を音が走り回り、そして、それがホール全体に反響するのじゃ。

わしは感激したぞ。

しばし目をつぶっておった。

夢のような時間が過ぎ、最後の曲は、飛行機の機内で聴いたウィンナーワルツじゃった。ウィーンは、最初と最後のつじつまが合っていたのう。

帰る途中、ホテル・インペリアルで一杯。余韻を楽しみ、ホテルに戻ったのじゃが、まだまだ予期せぬ展開が待っておったのじゃ。

シャワーもそこそこに、ベッドに倒れ込んで寝てしまったのじゃ。

が、出てきたのじゃ。

何がって？　ハプスブルク家の亡霊じゃ。

うなされるのは久しぶりのことじゃったが、相手はなんといってもハプスブルク家、手ごわいのなんのって、まいったのう。

わしはこのようなときの対処の仕方を、ある御仁から教授

ウィーン市街

してもらっているのじゃ。

出てきた相手に心からお引き下がりを願うのが秘訣じゃ。

しかし、しかし、今回は相手が格上じゃ。

金縛りにあっていて、なかなかうまくいかぬのじゃ。しばらく悶え、やっと口が何とか動くようになったぞ。

わしは亡霊どもに言ったのじゃ。

「われは、はるばる東方、日いずる国、ジパングから来た身の上じゃ。本日、ハププスプスブルブルク家(ここでどもってしまったぞ)が代々お住まいになったホーフブルク王宮にも参上いたした。尊敬のまなざしで、ハプスブルク家の六〇〇年の歴史にも接し、いたく感銘を受けたのでござる。今回の旅はすでに終わりに近く、あすにも日本に帰るのじゃ。だからじゃ、何とか金縛りをほどいてほしいのじゃ」と、懇願したのじゃ。

やがて、亡霊たちの姿は薄くなり、力いっぱい開こうとした目に、力が入り始めたのじゃのう。

こうなればこちらのものじゃ。

体中の力が抜け、目が覚めた。

そばで「あなた、大丈夫?」と言う声に「ギックリ」

「ぎゃー、マリア・テレジア」と思ったが、この声は姫だったのじゃ。

このまま寝ると、また出てくることは知っておる。

マリア・テレジアでも、マリー・アントワネットでも、エリザベートでも、「ゼンベイさん、よく来てくれたわね」と言って一人で出てくれればいいのじゃが、そうはいかぬじゃろう。また皆で出てこられたら、コリャ身が持たぬ。

深呼吸を二度、三度、頭を冷やし、心穏やかにして眠りについたのじゃ。

「いやはや」

最後の一日もたいへんじゃったのう。これぞまさに「オー・ストリー」じゃな。

（完）

二〇一四年一〇月一五日

バンコクのほとけ

善兵衛爺さん、昨年秋以来の奥方帯同の海外旅行じゃ。

これまで旅日記では姫と呼んだのじゃが、これからは奥方と記すことにする。そのほうが、わしが妙齢の女性と旅行しているのかなどと詮索されないからのう。

今回はバンコク三泊四日の旅じゃ。

前回のヨーロッパ旅行は、考えてみるといろいろしくじったのう。思い出すだけでも恥ずかしいが、半年過ぎると、これも旅の楽しさと思えてくるから不思議なものじゃのう。

旅は筋書きのないのがよい。少なくとも筋書きのない部分があるのがよい。旅は人生と同じ、いつもハプニングがつきもので、それが面白いのじゃから、わしは失敗のない団体旅行は嫌じゃ。人生には団体人生なんてないぞ。もっとも、会社勤めは多少似ておるわい。

今回の旅はゴールデンウィークと重なってしもうたが、この数年、ご無沙汰していたこの時期に開かれるタイの建築家協会の大会に出るためなので、仕方がないのう。もっとも、この年になるとゴールデンウィークなんてあってなきがごとしだから、わしも行く気になったのじゃろうかのう。

タイ建築家協会は、わが国とは違って王室がパトロンじゃ。タイ建築家協会アンダー・ローヤル・パトロネージじゃ。じゃから、大会には王女さまがお出ましになる。ことしは王女さまが六〇歳を迎えられ、ことさら国内はお祝いムード。タイでも還暦はおめでたいようじゃ。この王女さまは至極評判がよい。

大会会場に着席し、待つこと暫し、赤いじゅうたんが敷かれ、にわかに警備が厳しくなった。一同緊張する中、黒塗りの車の列が会場入り口に近づく。国歌が奏でられ、先導車の次の車から王女さまが降り立った。ロールスロイスかと思ったが、なにかバンタイプの車高の高い車から、お出ましになったのが意外じゃった。

王女さまは数年前見たときよりなにか威厳があり、胸を張って歩かれていた。そのように隣席のタイの前会長に小声で囁いたら、「お太りになられた」とのことじゃ。なるほどのう。

大会は無事に終わり、王女さまは多くの貢ぎ物をもらい、笑顔を振りまきながら帰られた。贈物を受け取ると、傍らにひざまずく侍女たちに次々と渡す手さばきが見事じゃったのう。ちなみに、王女さまの顔は非常にクラシックじゃ。一〇〇年前の東南アジアの人たちの顔と思えばよい。皇室の顔じゃな。

さて、公式行事は別として、バンコクに来たらいつも行くところがある。オリエンタルホテルとフォーシーズンズホテル。昔懐かしいホテル巡りじゃ。

わが国ではついこの間、ホテルオークラの取り壊しが決まった。高層化するとのことじゃ。帝国ホテルがなくなり、ホテルオークラがなくなり、東京の昔をしのばせるホテルがなくなる。

こんなことは世界ではないぞ。シンガポールはラッフルズ、マニラはマニラホテル、ハノイのソフィテルなどなど、どこの都市でもその都市を代表する格式のあるホテルがあるものじゃ。外国人からオークラの保存の声が上がっているそうな。わが国からは何の声も上がらぬ。情けない。

古いホテルにはゆったりくつろげる場所がある。そこでお茶を飲み、奥方はアーケードをのぞく。これがいつもの、わしらの行動パターンじゃ。フォーシーズンズのアーケードは、中庭のカフェを取り巻くようにしてある。ラッフルズに似た構成じゃ。ここでわしは小さい仏像を探した。実は、家に孟宗竹を斜めに切った手づくりの徳利があるのじゃが、斜めの部分を光背とはいかぬが、光背に見立てて金箔を貼り、そこに仏像を置いたらよかろうと、かねがね思っておったのじゃ。

骨董品店には小さな木の仏像があって約一万円、金の仏像もあってこれが一〇万円という。金の仏像は安いなと思ったが、奥方が隣から「金でも中身は分からないわよ」「なるほど」。腑に落ちる説明じゃ。「こんなところに本物はないわよ」の一言で値段の交渉はしたものの、いったん帰ることにしたのじゃ。衝動買いはよくないからのう。

ホテルに帰ると、何と事件発生じゃ!!

奥方が「財布がない」と申すのじゃよ。

「エッ、またか」。わたしの知っている限り、これで三回目じゃ。しっかり者の奥方がなぜなのじゃ。昔、ベネチアに行ったとき、わしがちょっと荷物から目を離したときに「目を離しちゃダメ」と怒られたことが、わしの頭に刷り込まれ、奥方に対する劣等感になっているのにのう。

最初はプノンペン。これはあきらかに人混みですられた。つぎはコペンハーゲン。これはまったくなぜか分からぬ。船でまとわりついていたリトアニアから来た女が怪しかったのだが、落としたのかもしれぬ。そして三回目、このバンコクでじゃ。

奥方はさすが紛失三回目のベテランじゃ。ホテルに置いてある鞄には、財布の中のカード番号やら紛失届け先の電話番号を記した紙が入っている。これにはたまげたぞ。「もしもし、カード紛失です」などと電話でカード会社と話しておる。見事なものじゃ。こんなことができるなら失くすはずがないと、わしは思うのじゃが。

今回は人混みには行かず、人にはまとわりつかれず、落としたのじゃなと、わしは密かに思ったぞ。

公式の行事が終わってあくる日、フォーシーズンズに行ってみようということになった。気が滅入っているものの、わしは仏像が気になっているし、奥方はあるいは財布がホテルのフロントに届けられているかもしれないと一縷《いちる》の望みを託しておる。

奥方が、ホテルのフロントに行っている間に、わしは骨董品の店に行った。きのう会ったオヤジがにこにこして迎えてくれた。改めて価格のチェックをした。

バーツを円に換算すると……よく調べてみたら驚いた。「ゲッツ」。わしは一桁間違っていたのじゃ。

金の仏像は一〇〇万円じゃゾウ。三センチほどの木の仏像が一〇万円じゃ。ブツブツ、どうするべえか。唸っていると目の前に奥方が現れた。

「あったわよ」と言っている。

わし「エッツ、どこに」。奥方「中庭に落ちていたのですって」

どうも携帯電話をポシェットから取り出し、中庭の写真を撮ったときに一緒に入っていた財布が落ちたのだ。さすが一流ホテルじゃのう。カフェの従業員が拾ってフロントに届けたのじゃ。

わしは仏像を持ったまま考えた。「買うべきか買わざるべきか」

財布が出てきたのも、ひょっとしたらこの仏像のおかげかと思ったからじゃ。仏さまがずっと事の成り行きを見ておられたとは思わぬが、わしはいささか引っ込みがつかなくなってなー、買ってしまったのじゃ。もちろん木のほうじゃったが。

しかしのう、仏像が手に入ってからよいことずくめじゃ。今回は、ゆえあってエコノミーで旅をしたのじゃが、非常口の前の席がたまたま空いていてな、思いきり足が伸ばせたぞ。これもご利益じゃ。

それよりもどうじゃ。

帰国後間もなく、家のテーブルに置いてあったノートパソコンが突然、爆発炎上したのじゃ。リチウム電池が火を噴いたのじゃ。今度こそはとんでもない大事件じゃった。まいったぞ。

何枚も何枚もバスタオルに水を浸してパソコンの上にかけ、やっと消し止めたのじゃ。

二〇分くらいかかっただろうか。わしは冷静に行動したが、テーブルは焼け、椅子は焦げ、周りの壁には火の粉が付き、部屋は煙で汚れ、悪臭に満ち、火災報知機が鳴り、大騒ぎじゃ。消防、警察も駆けつけた。

ふと気がつくと、ピアノの上に置いてあった仏さまが静かに笑っておられたぞ。そうじゃ、わしが家にいたときに火が出たのも、仏さまのおかげじゃ。それでなかったら、わが家は全焼じゃ。寝ているときじゃったらわしも死んでおったわい。

「アー、ありがたや」じゃ。

火事の後始末が済んだら、手製の光背をつくり、内側に金箔を貼って、

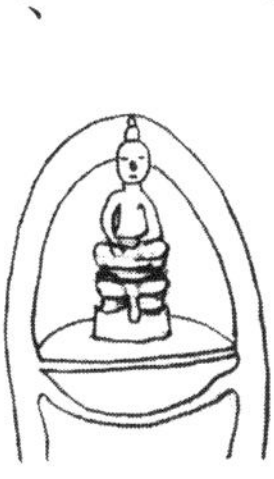

そこに仏像を安置したいのう。

二〇一五年五月一五日

妄想の竜宮城

恒例の臨海学校に参加する前に、彼は大学の友人たちと山口市の料理屋で鮎を食べるのが、この数年続いていた。

恒例のというのは、大学の同級生のS君が会社を辞めた後、故郷の大津島に戻り、それをいいことに夏になると同級生数人が二泊三日でお邪魔するのだが、それがもう一一年も続いているのだ。彼も最初に「俺も行く」と手をあげた組だ。

大津島は瀬戸内海の島。山口にほど近い徳山から巡航船で三十分くらいの距離にあり、面積は大きくない。

山口市のホテルを朝早く出て、新幹線に乗る。新山口から徳山まではそれほどの距離ではない。巡航船がS君の住む港に近づくと汽笛を鳴らす。それが合図かのように、S君が家から小走りに出てくるのが船から見える。船着き場へわれわれを迎えに来るために車に乗る。

「あー、また来ちゃったな」と彼が実感するのがこのときだ。

「来ちゃったな」と思うのは「またS君ご夫妻にお世話になるな」という気持ちと「さあ、ことしも遊ぶぞ」という気持ちが入り混じっているのだろう。

臨海学校とは、彼らのあまりに無邪気な、まあ言ってみれば、昔の悪ガキに戻って海で遊びほうけるさまを見て、S君が名づけたものであった。もちろん、校長先生はS君であるが、S君は大津島のドンでもある。

S君に送る郵便物は、ただ郵便番号と周南市大津島と書けば届くし、村の女性がS君を「お坊ちゃま」と呼んだことがあり、それを聞いた彼はもちろん、同級生一同はびっくりしてしまったことがある。

以来「われわれは、お坊ちゃまのご学友なのだから、村の人には礼儀正しくしよう」ということになっている。が、しかし、来るたびの毎夜のバカ騒ぎ振りは、静かな島には筒抜けだ。

S君は船を持っている。「俺は漁師だ」というので、彼らは皆、漁船を持っているのかと思った。ところが、漁港にひときわ目立つただ一艘の純白のプレジャーボートがS君の船なのだ。

しかし、朝は漁に出かけるのだから、漁師といえば漁師だ。釣り人を乗せる漁船のことを遊漁船というから、その意味ではふさわしい船なのだと彼は妙な納得をしている。

皆が来るたびに、S君が高速で船を飛ばして漁場に案内している。キス釣りが主だが、アジをねらうサビキ釣りも混じる。昨年はキスを釣っていたらサバの大群に遭い、思わぬ大漁になった。このサバをしめ鯖にして寿司を握ってくれる御仁が、悪ガキ仲間にはいた。

彼は料理人を自認するものの、寿司は握ったことがなく、この御仁の腕前には痛く悔しい思いをしているようだ。

彼らは大津島に行く前の晩は、山口市のホテルに泊まり、料理屋で鮎を食べるのだが、それがまた楽しいらしい。泊まるホテルの温泉がまたいい。立派な露天風呂がある。

彼はこの露天風呂が特に気に入っている。温泉のふちに並べてある石に座って目をつぶると、腰や腿《もも》に湧き出す湯が当たって心地よいらしく、うとうとしている。彼はつぶやいた。「これがいいのだ」

寿司を握る御仁曰く、「緋鯉が出てきて太腿や尻のあたりに触らなかったかい?」。本人はいたって真顔だ。この男はいつもこの語り口で皆を説得しにかかる。それで東京大学の教授にもなり、退官して名誉教授、ことしは日本建築学会の大賞を受賞した。もちろん、語り口だけで教授にはなれない。

「緋鯉は観音菩薩の化身で、われわれの陽物をねらって現れるのだ」と御仁は続ける。

彼は「それは、想像というよりは妄想じゃないか」と言った。

皆が大津島に着いた晩、酒の肴に観音菩薩の話で盛り上がった。「われわれの年で酒を飲むと、妄想と想像の区別はつかなくなる。想像力たくましかった青年が、妄想たくましい老人になった」と彼はひそかに思った。健康な妄想ならいいのだ。年寄りを元気にしてくれる。

だけど、「亡」とか「女」はダメだぞ、特に女は。

この晩は、皆たいへん酔っぱらった。

皆、後期高齢者だが、好奇心も旺盛だし、しかも好機をねらっている。

彼も飲みかつ話し、そして笑ったあと、布団にうつ伏せに倒れ込むように寝てしまったが、夢を見た。

彼は、夢の中で友人の家の前の海に潜っていた。「みんな年をとって危ないから、家の前の海では潜らないように。泳ぐなら、海水浴場に行こう」と校長先生が言ったからなのだろうか。

彼がクロダイを追ってテトラポッドの間を潜っていくと、ぽっかり穴が開いていた。さらに潜っていくと次第に大きくなる。タイやヒラメが急に増えて……その先に三角屋根のような空間があり竜宮城が現れた。

あまりの出来事に夢心地。さらに進むと、ナント！　乙姫さまがお出迎えだ。乙姫さまは泳いでいるようないないような、浮かんでいて、薄い衣が体の周りにまとわりついている。

「色っぽいぜ」

少し近づくと話しかけてきた。

「いらっしゃい。昨夜もお目にかかりましたのよ」

彼「ジェ・ジェ・ジェ。もしかして、あなたは観音菩薩？」

「昨夜は緋鯉に化けていましたけど。いいお風呂だったでしょ」

急に息苦しくなった。

乙姫観音菩薩が「上向きになりなさい」と言う。上向きになると、どうだろう、すっと楽になったけど、見る景色も急に変わって皆上向きになった。

「スマホの映像みたいだな」と彼は思った。皆同じ上向きになるので、結局景色は変わらないが、光だけきらきらと下から来るようになった。

魚も乙姫さまもお腹が白く光っている。幻想的で不思議な世界だ。

にわかに騒がしくなった。乙姫さまは笑っている。

と、驚くなかれ、もう絶滅したと思われていた陸上の動物、ニホンカワウソの群れの踊りだ。

ニホンカワウソは竜宮城にいた！

ニホンカワウソはイルカのように舞う。酒が振る舞われた。一口飲んで分かった――こりゃ山口の「獺祭《だっさい》」だ。

絶滅危惧種のウナギもいっぱいいいる。ウナギは列になって筏《いかだ》のように舞う。どう見ても人間に食われたウナギを偲んでの死者の舞いだ。ウナギを串刺しにして蒲焼にしたのを筏といい、彼はそれが好物だった。

「申しわけない」と彼は呟いた。

ひときわ太い代表格らしきウナギが来て言った。

「あなたが悪いのじゃないの。昔はうなぎ屋さんに行かないと、ウナギが食べられなかったわ。そのままだとよかったのだけれど、最近、スーパーとかコンビニでたくさん売るようになったのがいけないのよ。仲間は減ってしまったわ」と悲しい顔をしたように感じた。

彼はふと思った。「このウナギは雌なのだ。とすると、これからマリアナ海溝まで行くのかな。早く行ったらよいのに」

チヌが大勢でやってきた。こちらは楽しそうな顔つきをしている。

乙姫さまが言った。「毎年、チヌちゃんたちがお団子のご馳走をいただいているので、きょうは、お返しとしてあなた方にスイーツをお持ちしましたのよ」。これがまたなんと、山口特産のういろうだ。海の中、ちょっと塩の味がしたが、おいしい。

急にまた、彼の体が下向きに回ってしまう。息苦しくなると、乙姫さまか観音さまか、背中から抱えてくれる。

タイやキス。キスの脇にアイ舐めも心配してくれている。

「上向きになってくださいまし」。もう乙姫さまと彼の体がくっつかんばかりだ。

彼はあまりのことに興奮し、息もできず、「エイ、ママヨ」と乙姫さまに抱きついた。

柔らかな体だった。

乙姫さまの体をつかんだと思った瞬間、するりと身をかわして、乙姫さまは光を背に彼から離れて手の届かないところにいる。「ウム、光背か？　やはり観音さまか。そうだよなー」と思いつつ無駄と知りながら、手を広げて伸ばすが、やはり届かないぃッ――

仰向けになって手を広げた形で、彼は目を覚ました。

竜宮城の前に出てきたような、三角屋根の空間がぼんやりと彼の目にはいった。

「ありゃー、これはS君の家だ。夢か」


誰も起きていないが、もう夜明け。彼は夢とも思えず、朦朧とした頭を抱えて外に出た。

竜宮城への入り口があったと思しきテトラポッドの近くに佇《たたず》む。すべて朝霧が覆っている。

波もなく、音はない。

手に持っていた竿を出して糸を垂れ、思いを竜宮城に馳せる。

糸を引く当たりがあった。「ムッ」。白い腹が水の中で揺らめく。

ムム、乙姫さまのお腹を思い出すが、

「なんだ、フグか」

ムー「モーソーに福来たる」か。

二〇一五年八月一五日

イザベラ・バードを思いつつ

昨日、山形へ一泊二日の旅をして帰ってきたところじゃ。旅は、わしが理事を拝命しておる「美し国《うまし》づくり協会」のシンポジウムが山形県小国町で行われたので、それに参加するのが目的じゃった。

小国町とは山形県の南西部に位置し、新潟県に接する町じゃ。人口は八〇〇〇人くらいじゃが、町の広さは東京二三区より広い。明治時代にイザベラ・バードがここを通り、「エデンの園のようだ」と言ったところじゃ。

エデンの園には、生命の樹と知恵の樹が植えられていたといわれる。

彼女は目にした景色を見て、思わず呟いたのだろうが、それほど、この地の自然は美しかった。つまり「美し国」であったのじゃ。人は農業に勤しみ、家々は土地の材料を使ってつくられ、粗末ではあるが、さぞかし景色に馴染んでいたんじゃったろう。

昨日訪れた小国町には、そこここに今風の新しい建築が散見されるものの、木を使った建築が多くあり、会場となった小学校も木がふんだんに使われており、木の文化の復権が感じられた。

シンポジウムでは、わが協会の進士五十八《しんじいそや》会長が土地固有のものに根ざした美し国をつくろうという話をした。農業は文化である、知性より感性を大切にしようという話もあった。都会のシンポジウムでは、こんな話にはならない。やはり、それだけの魅力を日本の田舎は持っているということじゃろう。

シンポジウムは大成功であったが、さらに強く印象に残ったことがある。

それは、この途方もない田舎に、わたしの生まれる前に設立された学園があり、今回そこを訪れることになったのじゃ。

この学園の建築を無償で設計し続けている小国町出身の優れた建築家がいて、彼の案内で学園訪問が実現した。彼も当協会の理事である[◇注]。

学園は創立一九三四年、内村鑑三の影響を受けた鈴木《すずき》弼美《すけよし》という人が始めた基督教独立学校(現在の基督教独立学園高等学校)で、現在一〇〇名弱の生徒が山奥のこの地の寄宿舎で寝起きして三年間を過ごす。

学校の方針は、

「読むべきものは聖書。学ぶべきものは天然。なすべきことは労働」

学園の記念館には、

「涙とともに蒔《ま》くものを、喜びをもって刈り取らん」

との書もあった。つまり、この学校は自然の中にないと成り立たぬのじゃ。

全国から子どもたちが集まるこの学校では、われわれの日常からかけ離れた教育環境のもとに知識や教養、愛国心を超えた大切なことを教えているようじゃったのう。

この山形の山奥の旅ではいろいろ感じさせられて、日ごろ考えていることを思い出した。それは、こういうことじゃ。

わが国は極東の国じゃからもともと国際的でない。ヨーロッパの国と同じように国際化を図ることは無理じゃろう。東京などの大都会では国際化はある程度進むじゃろうが、田舎は無理ではないか。それなら、かえってこれ以上の国際化を図らないほうがよいかもしれぬ。

外国で売られている日本旅行案内は、わが国で売られている旅行案内より、旅行者に便利なように書かれているし、最近は皆、ネットで調べてから日本に来る。いまでも田舎に外国人がズンズンやってくる。

言葉が通じるか通じないかは、あまり関係なさそうだ。日本人が下手に国際化を考えないで無垢の日本を見せるほうが「これがジャパンじゃ」と、外国人が感激するのではなかろうか。

国際化に対して、日本人は下手に考えないほうがよいというのがわしの考え方じゃが、その代わりに、おおげさにいえば、来た人たちにイザベラ・バードが経験したような思いをさせなければならぬ。

「不便だったが、美しいよい国だ」と言わせるのじゃ。日本人にはもともとおもてなしの心があるぞ。不便なときに親切にされると嬉しいものじゃ。

旅人をお迎えするのは、わが国は昔から得意じゃのう。わしが子どものころ、修身の本で、冬、雪の中に迷い込んだ旅人のために、大切に育てていた盆栽を薪にして暖をとったという話を読んだが、まだ覚えているぞ。

まだあるぞ。よい国だったと言わせるには、日本人がハッピーでなければならんぞ。笑顔がなくてはいかん。

しかし、皆がハッピーになるのは難しい。

わしらの国は、もう高度成長なんてものはないが、人口は減るから、これをチャンスとするのじゃ。過疎は財産なんじゃ。

皆が都市で豊かな生活なんていう昔の高度成長の夢を捨てて、本来の日本人が持つ知恵と体力のある奴は、田舎に行くべしじゃ。田舎はこれから豊かになるとわしはにらんでおる。

悪知恵のある奴、これはわが国にとって貴重な存在じゃよ。わが国の存在感を示すには欠かせぬからな。世界に立ち向かうのだから、やはり日本の中心、東京や大阪でグローバルに生きてほしい。いや海外に飛んでほしいのじゃ。

中間の者は、どうする。

簡単にいえば、悪知恵のある奴の手先になるのじゃが、ちょっとここで考えるのじゃ。都市では節約して小さな家を持つのじゃが、田舎にも家を持つのじゃよ。もう出社しないと仕事ができない、という時代は終わった。パソコンとモバイルフォンで、会社に行かずに田舎で仕事をするのじゃ。緑の中できれいな空気を吸いながらじゃよ。

田舎の家は若いときも、年をとってからも役に立つ。田舎にいる時間は、豊かな自然と接することができる。最高の贅沢じゃな。

田舎は過疎になっているから、家はタダ同然で手にはいるぞ。これから、わしらの国は、都市から田舎への人口移動が必要なのじゃ。体が丈夫なうちに、米でもつくるとよいぞ。

それにしても、米は安いのう。ブランドものが五キロ二〇〇〇円で売っておる。一合が約二〇〇グラムじゃから八〇円じゃ。八〇円で飯が茶碗に三杯も食えるぞ。パンは八〇円では一個も買えぬぞ。一個一五〇円もする。飯なら茶碗に六杯じゃよ。

野菜も果物も育てて、ニワトリなど放し飼いじゃ。暖房も薪ストーブじゃよ。じゃから、生活費が安いし、生活が楽しいの

じゃ。

早くしないと、田舎は中国人やオーストラリア人に買われるぞ。日本の田舎は世界の人が注目しているのじゃ。なぜかって？

それは、豊かな水と森があるからじゃよ。

日本の里山で豊かに生活をする「現代縄文人」の生活は、世界の垂涎《すいぜん》の的になっておる。何とかという名前の、テレビにも出ている外国の有名人がすでに実践しているからな。

こんなことを言っていると、なにやら、わしが山に行って魚を釣ったり、山菜を採ったりしていることを正当化しているように聞こえるな。

これを「我田引水」というのじゃろうか。

我も田に水を引き、米でもつくらぬといけない雰囲気になってしもうた。

二〇一五年九月一三日

◇注
この建築を設計した本間利雄氏（本間利雄設計事務所主宰）が二〇一八年九月一九日に逝去されました。謹んでご冥福をお祈りいたします。

善兵衛　高野山に登る

かねてから、高野山に行きたいと思っておった。

その思いが強くなったのは、いまから七年前、古希を記念して冬の熊野古道を歩いたあとじゃのう。あのときは人っ子一人会わず、中辺路《なかへち》を四時間ほど歩いた。突然雪が降ってきて、黒い杉木立と白い雪が織りなす、それはそれは静寂な世界に身を入れた。亡者、魑魅魍魎《ちみもうりょう》の輩が出てきてもおかしくない雰囲気じゃった。

じゃから、喜寿を迎え、また、そんな世界を見たい気持ちになったのじゃ。高野山では、美しい女人が現れるやも知れぬしな。


熊野大社周辺は、地図を開くと比較的分かりやすい地形をしておる。

南紀白浜から田辺に行き、そこから中辺路を歩くと、熊野大社にたどり着く。それから熊野川に沿って南下し新宮を訪れ、那智の滝を見て、最後は南紀白浜温泉に行って一杯、という旅の筋書きはすぐに頭に浮かんだ。

神武天皇は八咫烏《やたがらす》に導かれ、新宮から熊野川沿いに北上したそうじゃが、わしはその逆を行ったことになる。

しかし、高野山となると、さすが天空の地といわれるだけのことはある。スケールが分からぬ。地図を見ても様子が分からぬ。

唐に渡った空海が帰国にあたり、三鈷《さんこ》を東に投げ、帰国後それを探し求めたところ、高野山の松の木にかかっていたので、ここを布教の聖地と定めたと聞いた。話は信じぬとしても、海抜八〇〇メートルの秘境じゃ。

いっそのこと、熊野大社から高野山に歩くことを思ったが、七〇キロ、三泊四日、ガイドがいないと遭難する最難関の修験道と聞き、怖気づいてしまった。

もともと、神仏とはほど遠いわが身、弘法大師やら真言宗やらも詳しくないが、高野山は「天空の聖地」と聞けば、ともかく行ってみたくなる。ま、半分は幼児的な発想であることは間違い

冬の熊野古道

ないがのう。

一〇月二八日、大阪に行くので、これに引っかけて急遽、高野山に行くことにした。とるものもとりあえず、大阪市内のホテルで一夜を過ごし、何も持たず、気ままな一人旅じゃい。

朝、ホテルを出て南海電鉄難波駅の高野線の切符売り場に行くと、手ぶら革靴のおっさんは皆無。皆、しっかりハイキング姿じゃよ。女人も多い。

特急「こうや」というのがあり、これに乗れば早く行けたようじゃが、乗り損ねてしもうた。時刻表も持たず、「まあええか」の旅として急ぎ高野山を巡り、新大阪に戻って「のぞみ」で帰れば、なんとか東京に夕方までに帰れると踏んだのじゃが、とても無理じゃ。

のぞみが断たれるというのは、このことじゃのう。

東京にきょうのうちにたどり着けばいいと決め、時間にこだわらずに難波から急行に乗り、橋本駅で極楽橋行きの電車に乗り換える。橋本は紀の川べりにある。このあたりは柿の木が多く、実が鈴なりじゃ。秋じゃなあ。

橋本を過ぎ、電車は急勾配を行く。山岳地帯に入り景色が変わる。眼下は絶壁。はるか下に渓流が見えたと思うとトンネルに入る。わしの前に座っていた、おばちゃん三人組の一人が声を上げる。

「コワイナー。ケド、キレイヤデ(紅葉が始まっている)。ミミヘンニナッテキタデ(ずいぶん高いところまで来た)」

極楽橋で下車。高野山まではケーブルカー。電車に乗ってきた人がみんな乗ったから満員で出発。勾配は登るにつれて三〇度にもなる。高低差三四〇メートル。五分で海抜八七〇メートルの高野山駅に着く。

くだんのおばちゃん、すれ違うケーブルカーを見て「カエリノハ、カラッポヤ(こっちはすし詰め)。キューヤナー(勾配)。マタミミヘンニナッテキタデ」

奥の院に行けと事前に友人から聞き、まずは駅前で奥の院行きのバスに乗ること一五分。弘法大師の御廟所に至る参道に入ると、空気が凛として冷たい。

鬱蒼とした杉の木立の中、御廟に至る石畳を歩くが、その周囲の一〇万とも二〇万ともいわれる夥《おびただ》しい大小の墓の数には、ただ圧倒されるばかりじゃ。木も石も判別がつかぬくらい苔むしているのは、さすが一二〇〇年の歴史じゃのう。

昔からの名だたる人の墓がここに集まっているのは、不思議じゃと思った。例えば織田信長じゃ。これは、高野山が宗派を超えた日本人の総菩提所といわれる所以《ゆえん》じゃが、平たくいえば、名門ゴルフクラブのようなものじゃよ。皆入りたがる。

御廟の前に一句書いてあった。

「生きるも　死ぬるも　天の川」　美枝作

帰りすがりに

「万丈の　杉の深さや　五月闇」　汀子作

たしかに高野山が下界から隔絶された場所であることは、道中よく分かった。弘法大師はいまでいう五條市付近から山の神の先導でたどり着いたといわれる。わしは電車とケーブルカーで来たが、西行は徒歩で来た。

海抜八〇〇メートル、周囲を山で囲まれた盆地に、一二〇〇年前に修行僧が集まり、街ができて、ずっと続いていること自体、奇跡に近いのう。いまでも街は真言密教の街じゃ。世界遺産に登録されるだけあり、街並みがよい。電柱もガードレールもないぞ。お土産屋もいたって控えめな佇《たたず》まいじゃ。よいのう。わが国の街並みのお手本じゃ。

金剛峯寺は大きくて素朴で渋い寺じゃ。洒落っ気がないのがよい。屋根は桧皮葺《ひかわぶ》きじゃから火に弱い。奈良や京都だと放水銃が周りにあって、火事のときは屋根に向けて放水する。

この寺は、棟に大きな二つの水の入った木桶がおいてあり、そこに至る階段が右手屋根まで掛かっている。寺の人に聞いてみると、やはり「周りから火の手が上がったときに階段で屋根に上り、木の桶の水で屋根を濡らし、延焼を防ぎます」との返事が来たぞ。

たしかに、ここではこれで防火できるのかもしれぬが、しかし、優雅な曲線を描く桧皮葺きの屋根と木の桶は、デザイン的にはちと合わぬな。実利的ではあるがのう。木桶をのっけた寺なんて見たのは初めてじゃ。

金剛峯寺では、くだんの三人組とまたまた出会った。中庭の紅葉を前にしておばさん曰く、「マッキンキン、スゴイナー、イチョウヤー、ウツクシイナー、オーキレイ、キレイ、アラマー」後ろからガイドの声が聞こえる。「中国は秋に葉が黄色になります。日本人は紅色が好きです。黄色も紅色もコウヨウなんです」。妙に説得力がある。

帰りがてら女人堂に寄る。高野山は女人禁制であったから、高野山に至る七つの入り口までしか女人は入れなかったが、女人堂でお祈りを捧げることは許された。入り口ごとにあった女人堂も、いまあるのはただ一つのみ。素朴な建築がぽつんとあった。女人堂の前に交通整理のおっさんがいて、写真を撮るとき邪魔じゃ。

ここに「貧女の一灯」という本を売っていたが、二一〇円なのでやめたワイ。ダジャレのわりには、この値段ではちとありがたみがなかったからな。

この七つの女人堂を巡る道が女人道と呼ばれ、まだ残っている。高野山の周囲の峰々を巡る道じゃ。

夕闇が迫ってきた。高野山は盆地で周囲を山に囲まれているので、日が暮れるのが早い。考えてみれば、高野山はやはり歩く場所じゃな。難波で皆、スニーカーを履いておったわけが来てみて分かったわい。

西行が歩いて訪れたのだから、歩く支度をしてくるのが礼儀というものじゃのう。まあ、そう言わぬとも、高野山の街なかは、バスやタクシーに乗らずに歩こうと思えば歩ける広さじゃということが分かった。それにはやはりスニーカーが必要じゃよ。

軽くみてはいけぬぞ。

帰りのケーブルカーの車窓から、はるか下界に夕日に輝く橋本の市街が見えた。天空の聖地から俗界を望む一幅の絵のようじゃ。昔、坊主の中にはこの景色を見て下界に戻りたいと思った者もおったろうのう。わしはすぐ下界に降りられるからよいがのう。

次は弘法大師が歩いた道筋をたどり、徒歩で高野山を再び訪れることを誓いつつ、善兵衛、無の境地で山を下ったぞ。

南無大師遍照金剛
南無大師遍照金剛
南無大師遍照金剛

二〇一五年一〇月二九日

シンガポールの花見

この旅日記は面白くないぞ。原稿を娘に見せたら、「この日記は落ちがなくて面白くないわ」と一言あった。

落ちをつくるために旅行をしているわけでなし、そもそも落ちがあるというのは、へまをやらかしたということだが、考えてみると、これまでよくへまをしてきたわい。「ヘマをもてあました」と言ってもいいかな。

三月一九日の昼間、わしは満開の桜の下で花見をした。たいへんな人気で、大勢の人が記念写真をとっていたぞ。ことし東京の開花宣言はたしか二一日の月曜日だったから、まあ、数日早い花見じゃったのう。皆、東京より一週間早い花見といえば、どこじゃと考えるかのう。

それが、九州でも沖縄でもなく、シンガポールだったのじゃ。

しかし、一年中三〇度を超す熱帯で桜が咲くはずがないと、ちょっと頭が回る者なら考えるわい。わしも、なぜ桜が咲いているのかしらんと桜満開の話を聞いたときに考えた。サクラの桜でもあるまいし。しかし、ほんとうに桜が咲いていたのじゃよ。

桜満開の情報は、シンガポールの日本大使館を訪問した際に入手したのじゃ。話はこうじゃ。

シンガポールのマリーナ・ベイ（マリーナ湾）の埋め立て地、まあ、東京でいえばお台場みたいなところに、真新しい広大な庭園というか植物園がつくられた。ここには自然の木のほかに、巨大な人工の木がコンピューターでデザインされ、林立している。ここにフラワードームと呼ばれる巨大なガラス張りのドーム建築もできた。

このドームが温室ではなくひんやりとした、いわば冷室になっているのがミソで、ここに温帯の植物が持ち込まれている。外が暑いので、ドームに囲まれた冷たい環境の中で温帯の植物を育てるのじゃ。温度を調整して日本の桜の季節に合わせて、桜を満開に咲かせたというわけじゃ。人工気象じゃから、桜を決めた時期に咲かせるのは難しいことではないじゃろう。

花に風といった具合にハラハラしないのがちと風情はないが、まずは驚いた。

ガーデンズ・バイ・ザ・ベイの人工の木「スーパーツリー」

人工気象は思い出があるぞ。

一九六七年、ちょうど爺がカナダのモントリオールにおるときじゃった。この地で万国博（EXPO'67）があり、そこで、アメリカはフーラードームという巨大なガラスドームをアメリカ館として出展した。設計はアメリカのフーラー博士によるものじゃが、彼はドームでマンハッタンを覆ってしまうという広大な構想をもっておった。

都市の人工気象化を未来の都市像としたのじゃ。月に人間が住める場所をつくるにしても、大小の差はあるが同じことになるじゃろう。

シンガポールの気温が高いからこそ、クールルーム（冷室）が実現したのじゃが、なにかシンガポールの街自体も未来都市を感じさせるぞ。

数年前、皆ご存じの船の形をした庭園付きの巨大なプールが三棟のホテルの上にのっているマリーナベイサンズができたとき、わしは驚いて好奇心のパンツをまとってプールに入った。空中に浮かぶプールで泳ぐ感触は、この世のものではなかったわい。

ところがどうじゃ、いまはもう空中庭園をもつ高層ビルなんて目新しくないし、巨大なマンションが空中庭園でつながっておる。日本で構造学的には連結超高層建築と名づけられておる。

さらにじゃ、シンガポールでは国を挙げて「スカイランド」構想の実現を目指しておる。スカイランドとは、文字どおり空中に土地をつくるという考えじゃ。シンガポールは小さな国だから、これまで埋め立てをして国を広げてきた。今度は空中に国土を広げることを始めたのじゃのう。

国のパンフレットには「コミュニティモールを空中につくり、MRT（地下鉄）とつなげる」と書いてある。モールでつながる建物は、なにやら上にいくほど大きくなるV字型の断面が提案されている。これで地上は日影が多くなる。この国では一年中日差しが強く、日に当たりたい人はいない。じゃから、街に日影がほしいのじゃ。合理的じゃのう。高層ビルが日傘になるという発想じゃのう。

地下鉄はすでに全くの無人自動運転で動いておる。駅のコンコースは涼しく快適で、主要なビルに全部つながっておるから、もう、スカイランド構想の基礎はできておる、と爺は見たぞ。

さて、ことしはシンガポールと日本の国交樹立五〇周年にあたる。シンガポールは一九六五年にマレーシアから独立した新しい国じゃ。以降、わが国は仲よくしてきた。そのためか、現在はわが国の役所は優越感に浸っておるが、わしとしては「シンガポールを見習え」と思えるのじゃよ。わが国の国土交通省は建築界の国際化に積極的ではないので、爺が提案して、日本の建築・建設界のPRをしに来たというのが、今回のシンガポール行きの理由じゃ。

われわれは、中国人からは商売下手な日本人と言われておるのじゃよ。

Japan Singapore Architecture Forum 2016と銘打って国交樹立五〇周年事業として開催した。好評で、これでやっと国の省庁も動いてくれるかもしれぬぞ。動くとなればアセアン諸国を巡業することになるかのう。

爺は、シンガポールに来たら必ず行くところがある。老舗ラッフルズホテルのライターズバーじゃ。昔、サマセット・モームが愛用したというバーで、カウンターには椅子が四脚しかない。ここに座り、冷たいジントニックを飲むと心穏やかになる。もちろん、シンガポールスリングでもよいぞ。

ラッフルズホテルは車寄せがいまでも砂利敷きじゃ。到着すると砂利砂利と音がするのがなんとも言えぬな。この音だけでも当時の世界に浸れる。植民地時代の盛装をしたドアマンが近づき恭しくドアを開けてくれる。マー、これだけでも十分なおもてなしじゃ。

しかし、ホテルには簡単には入れてくれぬぞ。エントランスで「泊り客か」と聞かれる。入れるのは宿泊客かレストラン利用者だけだから、中を見たいというと断られる。宿泊客も、ここだけはお年寄りのカップルが多い。手をつないで思い出に浸っている様子がこちらにもひしひしと伝わるわい。

アジアでのフォーラムの開催は第一回目、貧乏財団法人主催で赤字覚悟のフォーラム開催じゃったから、渡された切符はエコノミーじゃ。皆、一生懸命頑張ったから、わしもヒコーキの中で臥薪嘗胆《がしんしょうたん》。行きの便は、長くもない脚じゃが折り曲げて頑張ってきた。

そして、ついに帰りの便は恐れていた事態が発生したぞ。隣にとんでもない太っちょが座っていたのじゃよう。

この太っちょが、ヒコーキが飛んでいる間ずっと寝ておる。ときには「ガーグー」と鼾《いびき》をかく、体をこちらにぐらり、あちらにぐらりじゃ。わしは通路側だったから、そのたびに体を通路側に避難させたが、窓側だったらプロレス並みのボディスラムでフォール。息が止まっていたかもしれぬのう。

それにしても、まったくオチのない旅じゃった。が、が、しかし、ヒコーキが落ちなかっただけでもよかったと思っておる。

エッツ、面白くないって⁉　めんばくない。

二〇一六年三月二四日

山口県周南市大津島

大津島は、山陽新幹線の徳山駅にほど近い徳山港からフェリーに乗って三〇分くらいのところにある。徳山は、化学工業が盛んで周南市に属する。天然の良港にも恵まれ、海に面して石油化学コンビナートが立地する町じゃ。

今回の旅は、退職後、故郷の大津島に移り住んだ大学時代の学友が亡くなり、線香をあげに行く旅じゃよ。

徳山港から渡る大津島の港は四カ所ある。立ち寄る港と、しない港は便によりまちまちじゃが、一日七便ある。しかし、われわれが行く本浦港へは朝夕一便ずつしかない。本浦はかつて何百人も住んでいたこともあったが、いまは五〇人足らずにまで減っている。人影はまばらな究極の過疎の漁村じゃ。

以前にも「妄想の竜宮城」で書いたことがあるが、この本浦の港の近くに、ことしの夏、故人となってしまった友人が住んでおった。家があり、いまは夫人が一人で住んでおる。

この家には、いままで一〇年以上も、夏になると臨海学校と称して、五人ほど集まってお邪魔させてもらった。皆、昔の悪ガキに戻り、好き勝手に海で遊び、魚をつかまえて酒を飲んだ。百か日も過ぎて誰ともなく、お線香をあげに行こうかということになった。これまでさんざんお世話になって、本人が死んでしまって「ジャー、おさらば」とはいくまい。

思い出が詰まる大津島の二泊三日の旅じゃ。

品川発七時三四分発博多行きの「のぞみ」11号に乗りこんだ。

飛行機で行くとなると、羽田から山口宇部空港に着き、バスで新山口駅に行き、そこから新幹線で徳山駅に着く算段となるから、さて、どちらがよいのか、しばし思案した末、今回は四時間の新幹線の旅を選んだ。新幹線で新神戸より西に行くのは、初めてのことじゃよ。

わしは車窓の景色に興味がある。四時間の旅は、まあ、テレビ番組の新日本風土記を見ているようなものになるじゃろうと思った。

東京圏内では緑は社寺仏閣の周りしかないなとか、富士山がきれいに見えると車内放送があるとか、電線の見えない富士山の写真は撮りにくいとか、富士川や大井川は意外と水が少ないなとか、ああ浜名湖だ、うなぎの養殖場は潰されたとか、ブツブツ言っておると、名古屋に着いた。

木曽川あたりでは瓦屋根のきれいな集落が目立ち始め、米原あたりにも黒い瓦屋根を持つ美しい集落が点在する。大津を過ぎてトンネルを越えると京都。京都に入る前の鴨川を見るのが好きじゃった。以前は、左の車窓の川沿いに、貧しい住居がひしめいておった。広島に近づくと屋根の色が一変する。古い家はすべて褐色の瓦屋根で美しいぞ。昔、ここらへんの山々の松の木は松くい虫で全滅し、枯れ木が目立っておったが、いまは枯れ木が新しい樹木に代わり、緑の山に戻っておる。黒松の多い関東地方は松林の再生はしなかったが、このあたりは赤松が多いせいか、多くの若い松の木が再生しているのが不思議じゃのう。

横並び三席を独り占めにして、考えごとをしたり、最後はストレッチをしたりしていると徳山に着き、歩いて五分の徳山港で、神妙な顔つきで皆が顔を合わせた。

徳山港からは大津島行きの巡航船に乗る。巡航船と名がつくのは、島の港を巡航するからじゃろう。幸い天気もよく、鏡のような瀬戸内海を船は進む。最初に見えてくるのが仙島、つぎが黒髪島。徳山御影石の産地じゃ。ここから国会議事堂に使う石も送られたと聞く。

次から次に現れるどの島も花崗岩でできている。硬い石は海に浸食され、さらに深い割れ目が入り、そこに木々が生えている。長い年月によって刻まれた景色を眺めているうちに、皆黙りこくった。これまでの夏の出来事、死んだ友だちや級友のことなど、皆の胸に去来する思いは同じじゃ。

家に着き、さっそく友人の遺影を前に、お線香をあげて献杯をした。

その後、いつものように港の防波堤で釣りをしたぞ。殺生してはいかぬという気持ちはあったが、いつものようにするのが供養じゃ、と勝手な理屈をつけての釣りじゃよ。

友人は、これまで自分では釣らず、われわれがガキのようにはしゃいで釣りをしているのを見て、「そんな魚を釣ってどうする気じゃろ」といったような目をしていたのを思い出すぞ。大人が子どもの遊びを見て、楽しんでいるような目つきじゃった。

魚はけっこう釣れた。釣る人がいないのじゃから当たり前じゃが、手のひらサイズのベラとかメジナだから、釣りごたえはあった。食べて美味しいのはやはりベラ。関東ではなぜか嫌うが、関西では高級魚。たぶん西京漬けにでもしたら、すごく美味しいかもしれぬのう。

夕食時、酒も入り、友人の奥さまに彼と結婚した決め手は何だったのか、ずっと前から聞きたかった質問をした。

「旦那はここにはいないし、もう聞かせてくれてもいいんじゃない？」

なんで、彼がこんな美人の奥さんを娶《めと》ることができたのかは、やっかみ半分ではあったが、われわれが長年聞きたかったのじゃ。

「主人の目に射すくめられたの」と、
夫人は当時を思い出し、遠くを見るように言った。

お見合いの席で東大出の俊才が現れ、やや青みがかった目で射すくめられたのじゃよ。それならば仕方がないのう、とわれわれ一同も納得した。

彼の目はなぜか瞳孔がやや青みがかっておって、人を目で射抜くようなところがあったわい。その目で世の中を見、人生を駆け抜けてきたのじゃろう。

碁もめっぽう強いし、どちらかといえば物静かではあったが、言葉には重みがあった。最後まで酒を離さず、己の人生を全うした彼は、自分の思うがままの生涯を過ごしたようにわれわれには思えた。

最期は、病院から大津島の自宅に戻り、奥さんと二人、この島で人生の幕を閉じたと聞いた。幸せな男じゃよ。

しんみりとした話ではあったが、誰もが自分のこの先残された時間を思い、己の行く末に想いを馳せた。

しかし、想いを馳せたからといって、そのとおりにいくものではないし、人生を変えるわけにもいくまい。まあ、健康に留意して元気でいること程度のことしか考えが及ばないのは凡人のなせる技じゃのう。

酒も終わりに近づいたころ、一緒に行った一人が「うわっ」と言って、なにかを手で払い、立ち上がった。

そして叫んだ。「百足《むかで》!!!!」

わしのほうが飛び上がらんばかりに驚いた。百足はわしの最も嫌いな動物、天敵じゃ。わしの祖先は田原藤太秀郷だといわれているのじゃが、わしはこいつにはからきし弱い。

夫人は「百足よ」と立ち上がって、用意してある百足用の殺虫スプレーをシュッと一吹き。金属の摘まみハサミで何気なく摘まみ、外に持って行った。

百足は一〇センチ以上の大物じゃ。

一瞬の出来事に、呆然と夫人の美しい横顔を見ることしばし、じゃった。虫も殺さぬお嬢さまが、これほどたくましくなるものか。大津島に住むこと十数年の来し方を思い、さぞかし目に見えぬ苦労をしたことであろうと、何気ない百足退治の動作の中に読みとった。

寝具の周りに百足がいないことを注意深く確かめて寝たが、寝つく前に一句浮かんだ。

「百足噛むよ・痛い・手・痛いーイタイ・テ・イタイヨ・ムカデカム」

百足のように、前からも後ろからも読める句じゃぞ。

二〇一六年一〇月一八日

爺婆クラス会

二〇一七年一〇月三〇日、台風21号に続き、台風22号が過ぎ去った翌日は晴天に恵まれた。この日は総勢一七名、男性一一名、女性六名、三七年木葉会(もくようかい、別名こっぱかい)の二泊三日の旅の初日じゃ[◇注]。

三七年は昭和三七年卒業の意味、木葉会は東京大学建築学科の同窓会の名じゃ。東京大学建築学科卒業の面々が卒業五五年目のクラス会で石垣島の先、はるか小浜島に行くことになったのじゃ。なぜか、早稲田大学建築学科は早苗会と呼ばれていて、いまでも木葉会と早苗会はテニスの定期戦を春と秋に欠かさずやっている。

昔のことじゃが、わしが建築学科に入って最初に先輩から呼ばれたのが、この両会のテニスの定期戦。早苗会のトップは、かの有名な建築家の吉坂隆正、わが木曜会のトップは、建築材料工学界のドン浜田稔。現役、OB入り混じってカップの取り合いをした。

こんな雰囲気で、わしは毎日テニスコート通い。多くの奴はマージャン屋に入り浸りで教室には行かず、真面目な奴は安保闘争で学校に来ないという始末。

成績の悪い学年じゃった。が、しかし、何とか単位をくれた先生がいたから、われわれは卒業できた。

卒業後数年たってクラス会を開いたとき、恩師にも声をかけてお呼びしたのじゃが、その一人、普段まことに温厚な某教授がわれわれをボロクソにこき下ろした。わしらにとってはショックであったし、それ以降は恩師なしのクラス会にすることになってしもうた。

恩師とは不通、恩師ん不通じゃよ。

そんな不真面目な学年の連中じゃからこそ、年をとるとなにか妙に懐かしく旅に出ようということになる。

わしらは八〇歳前後じゃから、相当の高齢者の団体旅行には間違いないのじゃが、実際集まってみると、予想以上にジジ、ババの皆さまであることに気づかされたワイ。


今度の旅行は、これが最後のクラス会かといわれた隠岐島旅行から二年ぶりじゃ。しかし、昨年、誰言うとなく「もう一度どこかに行こうぜ」ということになった。行けるうちに行こうぜ、という気持ちが皆にあるのじゃろうのう。

準備を始めたのは、わしを含む五人であった。五人の爺のうち三人に絵心があり（皆、建築を志したので絵心はあるのじゃが、他人《ひと》さまに見せられるのは五人中三人ということじゃ）、それぞれの油絵、版画、墨絵の作品が展示される展覧会ちゅーのがそれぞれ毎年一、二回ずつあった。展覧会が開かれるたびに、ミニクラス会と称して皆が芸術鑑賞もそこそこに、飲み会をやっていたことが旅を企画する機会となったのじゃ。

わしらの旅行は、いつごろからだったか忘れたが、韓国の旅以降は五島列島、対馬、瀬戸内海、佐渡島、隠岐島とずっと島シリーズできた。じゃから、わしは、今回は思い切って遠くの離れ島でゆっくりしたらどうじゃろうかと考えた。

今度の旅では、もう皆八〇歳になることだし、わしはこれまでの旅のうちいちばん遠く、いちばん小さい島に行くことを考えた。

皆、きっと「うーん、これが最後かのう」と思うに違いないと想像して、旅先を沖縄の石垣島の先にある小浜島はどうかな、と思った次第じゃ。

わしら爺婆以外には誰もいない広い浜辺で、遠くまで続くコバルトブルーの海に沈む太陽を見ているうちに、皆、言葉数も少なくなり、来し方行く末、死んだり、病気でいる友のこと……など考え、次第にこれが最後のクラス会かなーという具合に収まっていくのかなあ、と勝手にイメージしてしもうた。

一人で酒を飲みながら考えていると、いくらでも考えが先に進むから、だんだん想像の世界にはまりこむ。

しかし、よくよく考えてみれば、皆の心がそんなにしんみりと一つになるような雰囲気の旅は、なにか思わぬ事件が起きて偶然そのようなことになるか（縁起でもないのう）、あるいは皆でどこかのお寺で偉い坊主にでも説教を受けない限りありえぬよ。皆、久しぶりに友に会い、楽しい時間を過ごそうと思って来るのじゃからな。

さてさて、幹事になった爺どもは、旅行が近づくと酒を飲んでばかりもいられず、少しずつ真面目に考え始めた。いざ考え始めると、何たって元東大生、話は基本のきから、きちんとキックオフじゃ。

爺婆さまを飛行機に乗せるにはどうしたらいいじゃろか。皆八〇歳、果たしてeチケットを持ってくるじゃろうか。それより、ちゃんと時間に間に合うじゃろか。誰かが旗を持って集合場所に待つのじゃろうか。

それには、前もっていろいろなお知らせを出さねばならぬ。念を押すために何回もじゃ。一回じゃお知らせはどこか棚の上にでも置き忘れて、探してもないことがあるし、そもそも手紙が来たことさえも忘れてしまうからのう。

いつ、誰が、どのように手紙を出すのじゃろ？

ここで爺たちは、顔を見合わせながら不安になった。皆の顔に「こんな面倒臭いこと、わしはいやじゃー」と書いてあった。しばし沈黙じゃよ。

幹事を引き受けた五人の爺たちは、誰かしっかりした奴を幹事に入れることが必要だということは、うすうす感じておった。皆「口では言うけど手は動かさぬ」タイプじゃ。勤め先では、お知らせなんぞ人にやらせるような人生を送ってきたからのう。致し方ないのう。

「T爺を引き込まなくては」との思いが皆の脳裏に同時に閃いた。T爺は前回の旅の会計幹事（幹爺）。TGVはフランスの新幹線じゃ。日本の新幹線に匹敵するほどしっかりしておる。われらのT爺もそれに劣らぬ。わしらと違って、きっちりしていて几帳面、数字に強い。最後まで責任を持つ。手を動かす。体力もある。しかも、しっかりとした婆さまが後ろ盾じゃ。じゃけど、彼がこのようなよい性格になったのは、T爺は構造の設計者で生涯を過ごしたことに由来するのだとわしは睨んでおる。わしらでも構造の設計者であったりすれば、当然そうなったに違いない。

とある晩、食後の満腹感の勢いから、満場一致でT爺を幹爺の仲間に引き込むことになった。T爺を引き込んだことはよかったのう。皆への数回にわたるお知らせ、フェリーの手配、会費の徴収、支払いなど皆一人でやってくれたのじゃよ。ほかの爺さまは、いざというときには酔っ払ってしもうていて、全く役に立たずじゃったからのう。

二日目に西表島半日ツアーに行ったのじゃが、これは当初の計画にはなかったものじゃ。初め、わしはともかく小浜島に行けば何とかなる、小浜島さえ行けばコバルトブルーの海が待っておるし、どこにも行く必要もないと思っておった。

参加者から「どこにも行かないのか」とか、「それぞれ勝手にどこかに行けと言うのは、ジジ、ババには無理じゃ」「えー、ボケーとしているの？　それじゃ旅行にならないじゃねーの、このボケ」と言われてしもうた。

たしかに、皆で静かな砂浜でボケーっとしているというのは、わしの勝手な妄想であって、何の計画もなければ「バカ言ってんじゃねーよ」「なにかすることねーのかよ、幹爺さん」と反乱が起きるかもしれぬのう。

なにか楽しいプログラムがあって、皆でそれを楽しみながら時間を過ごすのが本来のクラス会だということに、ここでやっと気がつき、思いついたのが西表島半日ツアーというわけじゃ。石垣島の川平湾あたりは帰る日に行くつもりだし、竹富島はつまらん。引き潮になると現れてくる幻の島がある。その島へのツアーは、残念ながらシーズンが終わり、もうおしまいじゃった。しかし、これは水着姿の若者向きじゃよ。八〇近くの皺だらけの婆の水着姿はいかんぞ。

小浜島で、皆でカヌーに乗るのもよいと一瞬思ったが、やはりこの年では無理じゃ。溺れたらたいへんじゃ。阿鼻叫喚《あびきょうかん》……新聞やテレビで報道されたらどうにもならん。ホテルにカートがあるが、これに分乗しての島巡りもよさそうだが、誰か転げ落ちるかもしれないし、旅行保険にも入らなければ……。

最後に、行き着いたのがイリオモテヤマネコで知られる西表島の半日クルーズだ。ガイド付き、なんてったって幹爺は何もしなくていい、いい幹事じゃよ。

さっそく西表島半日クルーズをホテルに電話で相談して申し込んだ。皆、勝手気ままじゃから、行かない爺婆もいるだろう。それならば自由参加にすればいい。やはり、ゆっくりくつろぎたい人もいるだろう。まあ、半分くらいは参加するじゃろか、とタカをくくっておった。

ところがじゃ、数日してT爺から「西表島半日クルーズは全員参加の申し込みがあったぞ。行かぬのは善爺だけだ。幹事が行かないのはまずいんじゃねーの」

まだ心の片隅にあった「静かな浜辺でボー」の妄想は、完全に吹き飛んでしもうた。

さて、台風一過の羽田空港で羽田爺婆組一行九名と無事に顔を合わせ、まずはホッとした。久しぶりに顔を合わせると、なにやらクラス会の気分になってくるから不思議なものじゃ。羽田で顔を合わせなかった爺婆たちともホテルで一緒になる。

久しぶりで、ややぎこちなかった雰囲気も、夕食のときには酒も入って和気藹々《あいあい》、話が弾んだ。

ホテル「はいむるぶし」のレストランは、ブッフェスタイルで若者向きにできておる。客は若いカップルか、小さな子ども連れの若夫婦じゃよ。

われわれのような団体は、ここにはちと不似合いじゃったが、時間がたつにつれ、次第にクラス会らしくなってきた。年を経た友の再会じゃからな、酒が進むにしたがい、爺たちの話は学生時代のような口調になるし、顔がなにやら若いときの顔と二重写しとなる。いまの爺と話すというよりは、昔の友と話している感じになってきた。

婆たちのほうもなにやら若返ってきたぞ。目をこすってしまうのう。緊張が解けるし、酔いもまわるし、わしもええ気分になってしもうた。

初めは、団体行動ができるのかと不安になるほど、三七年木葉会御一行様は反応も歩き方もばらけていたのじゃが、徐々に一流の爺婆軍団に成長してきた。小浜島へのフェリーに乗るため、空港から石垣港までのバスを降りたら、早くも荷物をバスに忘れたと言い出した御仁が出たときには、これはあと三日間たいへんなことになるぞと思っておった。

が、その後、誰も忘れ物はなく、最初は一七名が歩き出すと五〇メートルくらいの長さになったのが、歩くたびに短くなり、二〇メートルまでになったぞ。天晴《あっぱ》れじゃよ。

最終日の石垣島では、皆、余裕の団体行動じゃったよ。わしは四〇年ほど前に川平湾に来たことがあり、やはりグラスボートに乗ったのじゃが、そのときは白化したサンゴなんてなかったから、今回はショックじゃった。川平湾のほとんどのサンゴが白化しておったのだ。

バスの運転手が「台風が来ると風で海底がかき回され、底にある水温の低い部分が上昇してきて表面の水が冷やされます。それでないと、サンゴ礁の水温が三〇度近くにもなり、サンゴが死んでしまうのです。だから早めに台風が来て風が吹き荒れ、海水が混ざり合うと、わたしたちはホッとします」と話してくれた言葉が頭に残った。

海水温の上昇は地球温暖化の影響のほうが大きいと思うのじゃが、台風という自然のリズムがサンゴの白化現象に歯止めをかけているとは知らなんだ。神秘的でさえもある。白化現象はサンゴばかりではない。皆、頭を見ろ。わしら爺婆も白化している。

とすればじゃな、この旅が参加してくれた爺婆さまにとっての台風になり、その刺激で少しでも老化に歯止めがかかるようであれば、小浜島に行った価値もあるというものじゃよのう。

◇注

建築史の恩師稲垣教授によれば、木葉会は東京大学建築学科卒業生の同窓会の名称で、創設は明治三〇年二月一一日だそうじゃ。木葉会の名称は木の葉天狗の集いの意味であるという。木の葉天狗とは「威力のない吹けば飛ぶような天狗」。最初は絵を趣味とする卒業生の集まりであったというから、わしらにはふさわしい名前じゃの。大学のマークが銀杏の葉っぱであるから、これにちなんで名前がつけられたのか、わしは知らん。わしらは、なぜか「木《こ》っぱ会」とも言っておった。それにしても、早稲田大学建築学科の早苗会は調べたが、どこにも出てこない。早苗会の人たちにあったら聞いてみるとするか。

二〇一七年一一月八日

クラス会の文集表紙

久しぶりのジャカルタにて

二八万七〇〇〇ルピア、書き換えれば287,000rpじゃ。ジャカルタ空港から市内のホテルに向かうタクシー代じゃよ。

分かっちゃいるけど困る。長旅のあとでは頭が回らぬからじゃ。旅行案内書であらかじめ調べたから、現地通貨については一応知っておるが、実際、紙幣を手にしてみるとなかなか頭に入らぬものじゃよ。

空港に着いて、ともかくホテルにいかねばならぬ。空港で現地貨幣に換えて、それを使うわけじゃが、運転手から釣りをもらおうものなら、ゼロの多さに目が回り、ホテルのドアマンは荷物を持って待っているし、落ち着いて確かめることもできんのう。

一ドルは一一〇円前後だから、これに類する換算率の通貨は問題ない。インドネシアの貨幣、ルピアは一円が一二〇ルピアほど。したがって、ドルでは一万三〇〇〇ルピアほどになる。われわれは下二桁のゼロをとって考えれば楽じゃが、慣れるころにはグッドバイとなる。

さて、今回のジャカルタ行きは、わが国の建築界のシンポジウム開催のためじゃったが、この地には四〇年ほど前に来たきりじゃ。家にとってあった四〇年前のルピア紙幣を持ってきた。わしは行った先の国の通貨は使い切らずに、残して家に持って帰る。それを次の旅で使うのが楽しみなのじゃ。

期待と不安の混じった気持ちでホテルのコンシェルジュに「このお金使えます？」と聞いた。お札はいまのものではない。

想像どおり、「使えません」

ここではめげない。

「価値はあるのだから、銀行でいまの通貨に換えてくれるのじゃない？」

「サー、分かりませんが……」

さらに突っ込む。

「わしは会議でホテルにカンヅメになっているので、外に出られないから、換えて来てくれないかな」

無理と知っての話じゃったが、上役らしき人となにやら相談している。取り換えて来てくれる雰囲気じゃ。ていねいに紙幣の種類と枚数を確認し、金額を書いて預かり証をつくって、わしに渡してくれた。

「夕方までに」とのことじゃった。

シンポジウムを終えて彼のデスクに行くと、何と新札でお金が揃っておった。チップをあげるようとすると、「いらない」と言う。何というサービス精神。ここでインドネシアの印象がずっとよくなり、ルピアにも慣れてきたぞ。

書き始めてすぐに帰りの話をするのも変じゃが、帰りの空港でのことじゃ。羽田への便、ビジネスクラスのチェックインはラウンジですると言われラウンジに行った。ラウンジのカウンターで荷物とパスポートを預けろという。

「お客さまの代わりに、わたくしどもがチェックインしておきます」

わしは一抹の不安を覚えた。それは、パスポートを取り上げられたことじゃ。ずうっと昔、モスクワのホテルでパスポートを取り上げられて以来四〇年ぶりじゃよ。わしでなくとも考えるはずじゃ。いつ、どうやって返してくれるのじゃろうとな。ソファに座り、足を組んでコーヒーなんぞ飲んでみたが、落ち着かぬぞ。

やがて、わしからパスポートを取り上げた女性がにこやかな笑顔でわしに近づいてきた。わしに「あなたのパスポートをお返しします」だと。

「なぜ、わしが分かるのか」。思わず聞いてしまったが、彼女はニコッと笑ってパスポートのわしの写真を指さした。「なるほど、しかし……」と言いかけてやめ、そのあとの彼女の言動を観察することにした。

次の男の前で、顔とパスポートの写真を見比べて「はい、パスポート」とやっている。やがてわしの想像は的中した。果たして、やがてそうはいかなかったのだよ。男が「俺のパスポートじゃないよ」と突っ返したのだ。

そりゃそうだ。パスポートの有効期限は一〇年もあるから、写真じゃ見分けがつかない顔つきになっていることもあるじゃろ。しかし、この緊張感のないサービスを支えているのは彼女の笑顔じゃよ。間違えてもなにか許せるのう。この国の女性は目がきれいじゃ。目は心のまなこじゃよ。

わしは、イスラムの国ではすぐテロのことを思ってしまうので、こんなぬるい出国手続きがあることに驚いたのじゃ。三日もこの国で過ごすと、だんだん事情が分かってきた。インドネシアは温厚なイスラムの国じゃ。

ここからが、本題じゃ。

現役の木造船がひしめいているというので、それを見にオランダの統治下で栄えた旧バタビア地区の港に行ったときのこと。遠くに古いイスラム寺院が見えたので、そこに行ってみたくなり、タクシーで訪れた。貧しい人たちの家がひしめくエリアじゃ。道は狭くなり、一台の車が通るのがやっとじゃった。

突然、寺院に行く道がふさがれている。なにやら運転手によると結婚披露宴が道路で行われるようだ。仕方なく車を降りると、道路をふさいでいるのがキンキラの飾りつけをした小型トラック。荷台が舞台で、道路には舞台に向かって椅子が並べられ、テントが張られている。即席の劇場じゃよ。道路にある客席を無理やり通り抜けると、やがてイスラム寺院が現れた。

威圧感のない、親しみを感じさせる古びた木造寄せ棟づくりじゃ。建物の両端の庭に、遠くから見えたオベリスクが立っておった。内部は素朴そのもの。なにか日本の田舎のお寺のつくりを単純にして広くしたようじゃよ。

お昼の祈りの時間じゃった。部屋にはお祈りをしている人がいるが、それほど多くはない。三々五々集まってくる。外回り、庇の下じゃな、ここにも人がいた。横になっているから一見お祈りかと思ったら、なんと昼寝をしていたぞ。しかも何人も。

なかには寝そべってパソコンをいじっている奴もいる。これでヨイノカー、と思いながらあたり見渡すと、一部に板で囲った部屋があった。こりゃ何だと思って入りかけたら、女性の祈りの部屋じゃった。

一方、ジャカルタの新市街は富裕層の街じゃ。街は急速に伸びている。「ゲーテッドシティ」が連なって新市街は形成されていく。ゲーテッドとは「ゲートで囲まれた」という意味じゃ。これが新しく伸びていく一〇〇〇万都市ジャカルタの街の開発の形じゃ。近い将来、この新しい小市街は地下鉄で結ばれていくのじゃろうな。

貧しい人の街にはゲートはないが、富裕層が住む超高層街はゲートでしっかりガードされている。ゲートのなかには、安全を保障された何棟ものピッカピカのオフィス、超高級マンションがある。その周辺にはショッピングセンターなど、生活に必要な店舗が揃っていて、一つの街になっている。

われわれのホテルもこのエリアのなかにある。地上は熱いので誰も歩かない。建物同士は、空調されて涼しい地下で結ばれる。しかし、それぞれの建物を通過するたびに、セキュリティチェックがあるから面倒くさい。警備をしている男の帽子を見たら、安全を商売にしている日本企業名が書いてあった。

街のなかで見なかったものがある。車道と歩道と分けるガードレールや手すりじゃ。もちろん高速道路にはあったし、橋には車が下に落ちないように欄干がある。富裕層を守るゲートはあるが、人を車から守るガードレールがない

ジャカルタのゲーテッドシティ

のじゃ。

　ここの交通渋滞はわが国とは桁違いにひどい。地下鉄がないことがその原因じゃろう。街中の大きな交差点はロータリーになっていて、車はそこでくるくる回ってそれぞれの方向に向かう。わが国にはないが、ヨーロッパ、アジアの都市には多いシステムじゃ。パリの凱旋門もそうじゃ。信号機が少ないから車は川の水のように滔々と流れておる。そこに歩行者が加わり、道路の横断を試みるからたいへんじゃ。

　わしは釣りをするとき川を渡るから、要領はすぐ分かった。止まらないで、そろそろ歩けば車が止まる。歩かないで止まると、渡る勇気がなくなる。そのせいじゃろか、ますます交通渋滞になる。なにやら日本とは違うな。

　わが国は、信号、ガードレールや手すり、それに横断歩道橋という三点セットで、人を車から守っておる。しかし、じっと見ると分かるが、必要のない歩道橋はごまんとある。横断歩道があって歩道橋のある交差点じゃ。またこの歩道橋が美しくない。歩道橋ができたときは皆若かったが、いまは高齢者世代。年寄りに歩道橋を渡らせるわけにはいかんじゃろ。

　ガードレールや手すりについては、何をかいわんやだ。手すりの見本市になるくらい多種多様、雑多、道の管理者ごとにつくりが違う。それにしてもガードレールや手すりの種類や色の多いこと。そのうちギネスブックに載るかも知らん。

日本の都市は車には安心できる街じゃが、安心させる施策の度がすぎると見苦しい景観を生む。そして、この度がすぎる施策をとると、人の心に油断という隙間ができる。「危ない」と思わせる心をつくらせることも、大切なんじゃよ。危ないのは車ばかりではないからのう。

世の中、何に対しても気をつけることが必要じゃから、過保護はいかんのじゃ。しかし、最近は銀座通りや丸の内仲通りはガードレールや手すりもなく、すっきりして国際級の美しい道路になった。やればできるのじゃよ。

そうじゃ、東京駅丸の内の駅前広場が新しくなり、きれいになったのう。皇居まで外国の賓客を乗せて走る馬車道も整備された。皇居の景観と相まって素晴らしい。

しかし、わしは広場にいろいろ手すりがあるのが気に食わん。手すりは美しくデザインされているが、すべていらんぞ。じっと見ていれば分かるが、必要ないのじゃ。安全安心の心が出すぎた結果のようじゃ。

なにか話が本題からずれてしもうた。話をジャカルタでのシンポジウムに戻さねばならぬ。シンポジウムには日本の代表的な建築家、伊東豊雄氏が参加してくれて、現地の若い建築家に話をしてくれた。たいへん好評じゃった。特に台湾の台中にできあがったオペラハウスの作品に称賛の拍手がわいた。

インドネシア側からは、バンドン市長が建築家でもあったので、講演をしてもらった。バンドンにはジャカルタから列車で三時間で行ける。学園都市として有名な人口二五〇万人の高原都市じゃ。

市長の話にはちと驚いたぞ。彼は市長で建築家じゃから、まちづくりの方針を立てて、自らデザインしてつくってしまうのじゃ。例えば、わが国でどこぞの市長が建築家であったとしよう。そこまではなくもない話じゃが、市長が建築家に設計を依頼せずに自ら建物や公園を設計してしまったらどうじゃろうか。市民が許さんじゃろ。

バンドン市長は「住むことが幸せになるような、ハッピーシティ……」とか、「都市開発は人の輪をつくること……」とかいって、就任四年間で街を変えてきたと映像を示しながら自信満々で語った。

わしは、一人の政治家がこのようなやり方で街を変えて、それを許す社会があるのかを確かめたくなり、バンドン市に行こうと思った。早速、ホテルで列車の予約をしようと思ったのじゃが、あいにく週末で席は満席。残念じゃったが、この計画はかなわなんだ。この目で確かめられず、残念な限りじゃよ。

最後は上がりのない双六のような旅じゃったなあ。ジャ、歌留多ではないなって？　これでは落ちにもならぬ。

二〇一七年一一月二三日

スリランカ周遊の旅

思いがけずスリランカに行くことになったぞい。ワイフの姉夫婦からのお誘いで初めての団体旅行じゃ。旅行のサブタイトルが「ジェフリー・バワの名作ホテルに泊まる」で、これにも興味を持ち、「ぜひとも」と返事をした。

実のところ、不勉強なわしはジェフリー・バワなる建築家はよくは知らぬが、スリランカの案内書には必ず彼の名前がある。数々のリゾートホテルに多大な影響を与えた熱帯の天才建築家と聞けば、そりゃ、天才の設計したホテルに泊まってみたくなるものじゃ。

それに、ワシは暑いとこは好きだし、しかもこの季節、スギ花粉から逃げだせるぞ。もってこいじゃわい。キャセイパシフィックで飛ぶので香港を経由するのじゃが、香港空港で待ち時間が五時間もあるのはつらい。

旅の始まり

二〇一八年二月二六日午前一〇時過ぎに成田を発ち、香港空港に着いた。いっそのこと空港の外に出ようかと思ったが、団体旅行はそれが許されぬ。ラウンジの女性に「ここにジムはあるんじゃろうか」と聞いたら、「そんなものありません」とそっけない返事。飲むには早いし、香港空港一周ウォーキングを考えた。

歩いてみると、サーどうだ。ウイングが五本あって、それぞれ三〇のゲートがついておる。合計一五〇だ。一度にヒコーキが一五〇機停まれるぞ。しかし、空港のサインをみると、ゲートが五〇〇番まで書いてあるから、あと三倍大きくなるようにプランされている、すげーハブ空港なのじゃのう。どこかの国の飛行場とは大違いじゃよ。

一つのウイングに三〇のゲートがあるということは片側で一五じゃ。ゲート間の距離は歩測をすると約八〇メートルくらいじゃから、ゲートの長さは一・二キロの勘定となる。往復で二・四キロ。これを五本歩いて一二キロ。

ここまで考えて凹んでしまって、ウォーキングは途中でやめ、余計な買い物までしてしまって、時間潰し。しばしの後、スリランカへ飛ぶこと五時間。日本時間で午前三時にコロンボ到着、四時就寝、ヤレヤレじゃよ。いやヨレヨレの旅の始まりじゃ。

聖地巡礼

この旅にはスリランカならではの、古代から現代に至る仏教の旅が組み込まれておる。多くの遺跡と、ありがたい仏像を見るのじゃが、寒い日本から来たワシには思った以上の蒸し暑さがやりきれない。

ホテルに入り、シャワーを浴びてホッとしてパソコンを開くと、S君からのメールが入っておった。最近は旅行中の日本との交信は電話ではなく、メールですることにしておる。

「日本経済新聞で、きょうから宗教学者、山折哲雄の『私の履歴書』が始まった。書き出しで、大病をして死を迎えるときの涅槃《ねはん》の境地を感じたこと、死の瞬間はローソクの火が静かに消えていくように、心も体も次第に軽くなっていくと書いている。いま善兵衛爺さんは、南伝仏教の源といわれるスリランカを旅行中と聞いている。多くの修行者と会うだろう。そこで死に向かって何を修行しているのか、爺さんの見聞きした話を聞きたいものだ」とあった。

ワシは返信した。

「S殿よ、恥ずかしながら善兵衛、仏教史上重要な地にいながら、また多くの聖地を巡っていながら、貴殿のような真摯《しんし》な境地にはなかなかなれぬ。聖地に入るたびに、靴を脱ぎ裸足にならねばならぬ。感じることといえば、太陽で熱せられた花崗岩とそのクズや小石が爺の足の柔肌に食い入る。階段を下りるたびに強い痛みを足に感じ、悶絶しかねないありさま。仏のように半眼の構えをしてこらえてみるが、知らず知らずのうちに歯を食いしばっておる。足の裏は火のように熱くなり、まさに修行僧の火渡りもかくのごときかと……。それに加え、きょうは石窟寺院じゃよ。敦煌の石窟寺院に匹敵する素晴らしいものじゃが、ここは亜熱帯の石窟じゃ。世間並みの表現をすれば、ここはサウナじゃ。仏教的にいえば熱地獄と言うんじゃろうか。『ごめんなさい』と並み居る仏像に言ってみたが、皆静かに表情を変えぬ。なかには微笑んで、寝ながらワシを見ている仏さまもいる。ブツブツいう己の小ささに、さすがのワシも恐れおののいた」

仏に返す言葉もない……。

入滅前と入滅後の涅槃仏

きょうはきのうよりもさらに山奥のホテルに泊まる。下界からは世俗の音のほか、仏教国なのになぜかコーランの響きが聞こえてくるぞ。けさまでの鳥の声とは違うぞ。折しも夕日が山の端に沈む静寂の一時。なぜか頭が混乱、いやコーラン。

夕食を前にして、添乗員曰く、「本日は月に一度のポーヤデイと呼ばれる満月の日、スリランカでは禁酒の日です」。ワシ「ゲッツ」。なんとか拝み倒して、ティーポットにビールを入れてもらい、カップでグビリ。「ほッツ」。なんとか幸せ。仏に感謝。そこに突然のスコール。感謝感激雨霰。

翌朝起きてメールを読むと、旅に出る前に始まったゴルフの計画が順調に進んでいるようだ。またS君にメールしてしもうた。

「幹事のM君もせっせと働いているようじゃし、U君からは山折哲雄との出会いも聞いたし、皆、めまぐるしく動いているようでなによりじゃ。この数日、涅槃仏を数多く見ておる。しかしじゃな、これだけ涅槃仏を見ると、入滅前と入滅後の姿の違いが分かるようになったぞ。さて、それはどのように違うか分かるかのう？　クイズ不思議発見じゃ」

「ワカリマセーン」と返信が来た。あれだけ仏に詳しくても分からぬらしい。実はワシの知識もガイドからの受け売りじゃが。

わたし「S殿、こちらの涅槃仏は目を見ていると、爺には気持ち悪いで。唇が赤いのもある。色がつくから顔が濃い。やはり生きている現地の人に似てしまうのじゃろか。われわれ日本人は、やはり日本の仏像のほうが心安まる。入滅前も後も目は半眼。死んでも世の中を見てくれているということじゃろか？　ありがたいというべきなのじゃろか。現地ガイドによると、入滅前は足の指が左と右でやや不揃い。入滅後はともにきれいに揃っておるのじゃそうじゃ。たしかに石窟寺院の一体の涅槃像はきれいに揃っておった」

S君「おもしろいですね。こうして民間伝承があちらこちらにできるのでしょうか？　わたしが二〇一四年四月、インド仏教巡礼旅行に行ったときに訪れた釈迦入滅の地クシナガラの涅槃堂で撮った涅槃像の写真を添付します。足はきれいに揃っています。入滅後ですね」

わたし「S殿、入滅後のきれいに足の揃った涅槃像の写真、ありがたく拝見。さすがS殿、脱帽でござる。当方の涅槃像はすべてかろうじて足の裏は見えるが、ぐるりと回って見るようにはなっておらん。皆大きなゾウで、背中は壁で体の前しか見えん。ゾウといえば象も見たぞ。野生の象が道を歩いておった。遠くに群れをなして湖で水浴びをしておった。スリランカには四五〇〇頭ほどの象がいて、いまは保護政策が実り、増えているそうじゃゾウ。ゾウの出没するあたりの水田には、ゾウの見張り小屋がある。水田のところどころに木が生えていて、この木の上の、ゾウが届かない高さに小屋をつくるのじゃよ。最近、日本でも流行しておるツリーハウスじゃ。茶室としたり、別荘のアネックスとしている風流人もおるが、よくガキどもが楽しんでおる。白馬にある山小屋の脇の山桜の木の上にもつくろうとかねがね思っていたから注意深く見ておいた。さて、ここでは、この小屋に寝泊まりしてゾウが来ると、大声を出して追い払うとのことじゃ。ゾウは一日四〇〇キロ以上のえさを食べるので、米を食われたらたいへんじゃ。米が実ってからはツリーハウスに寝泊まりして、ゾウの見張りをするのが農家の大切な仕事なのだそうじゃ」

しかし、何とものんびりしておるのう。

シーギリアロック

今回の旅のダントツハイライトといっていいのが、シーギリアロックといわれる天空の古代宮殿の遺跡じゃ。密林のなかに忽然《こつぜん》と現れるこの岩山は、高さ二〇〇メートルほど、ほぼ垂直に立ち上がっている。オーストラリアのエアーズロックの小型版と考えたらよい。一二〇〇段の階段を登り、山でいう八合目くらいにある広場に出て、さらに五〇〇段の階段で王宮跡に出る。

五世紀のころ、立派な王さまに出来の悪い息子がいた。この息子は父を殺し、自分が王になった。弟の復讐を恐れ、この岩山の上に王宮を造営した。人力でつくったのだろうが、想像を絶する城づくり。中腹には人力エレベーターの痕跡が残る。山の下にも庭園や数々の建物がつくられ、王が美女たちと入ったといわれる大きなプールもある。

王宮建造に七年を費やしたが、ここで過ごせたのはわずか四年間。弟に攻め込まれ、自殺した。その後放置され、密林に囲まれたまま一四〇〇年、一九世紀後半にイギリス人に発見されたという。

いまや世界遺産で、たいへんなスーパー観光地。下か

シーギリアロックの遠望（中央）

ら上まで観光客の行列じゃよ。階段がたいへんなので、観光客には一人ずつ現地人のヘルパーが付く。付き添って手をとったり、支えたり、ケツを押したりして客の安全を図る。同行のお年を召した女性は「アラマー、孫に手を引かれているみたいだわ」とご満悦じゃ。

たしかに階段はたいへん。日本の寺によくある階段のように、急勾配のうえに踏《ふ》み面《づら》は狭く、ワシの足には合わぬ。内股にしたり、ガニ股にしたり、ナナメ歩きしたり、たいへんじゃった。

中腹にはシーギリアレディと呼ばれる美女の壁画がある。ここに行くには二〇メートルくらいの垂直の螺《ら》旋《せん》階段を登る。しかし、そこには肉づきのよい半裸の美女たちが待ち受けてくれる。ただし、写真撮影禁止じゃったから、その姿を皆には見せられんのが残念じゃ。

ワシは、王さまが弟の攻撃に対して、ここでどうして籠城できるかと想いを馳せた。馬鹿な男

シーギリアロックを登る人々

じゃと思ったが、ここは熱帯雨林じゃよ、毎日雨が降るので水にはこと欠かない。王宮跡には贅沢な王さまのプールがあった。プールはたぶん溜め池を兼ねているのじゃろう。石を掘ってつくってあるから水は漏れん。この水で多くのフルーツや農作物も育つだろう。

籠城はできんこともないが、しょせんは意気地なしの王さまではなかったかのう。

溜め池の水は、二〇〇メートル下のプールに流れ込んでいる。昔は噴水があったそうじゃが、水圧があるので壮大じゃったことは想像に難くない。遠くシエラネバダ山脈から水を引いて庭園をつくったアルハンブラ宮殿もそうじゃったな。あちらはイスラム教徒、こちらは仏教徒。ちなみにシーギリアロックの水は、下に流れ、偉大な父のつくった人工湖のなかに流れ込むようにしてあるそうだ。

父を殺した非を詫びてのことじゃそうじゃ。しかし、ちと遅過ぎたな。

バワの建築

バワは、何といっても亜熱帯の天才建築家。ワシも建築家。滅多なことは言えぬが、触れぬわけにもいかぬ。ものの本によれば、無秩序に成長する緑と、規則正しくつくられた現代建築の調和が、バワ建築の真骨頂と紹介されているが、ワシは、バワは自然のなかに朽ちていく建築を志したのではないかと思っておる。

二〇世紀の後半、自然と対峙《たいじ》するかのように都市に現代建築がつくられている時代に、留学先のロンドンからあえてスリランカに戻り、自然とともに朽ちゆく建築を志すなんて、普通の人にはできぬことじゃ。

コンクリートの柱が石にまきついて、あたかも生えている木のように見えるし、プールは下に見える湖に溶け込み、無限を表現している。建物のなかに風が吹き抜け、床には地中から自然石がつきあがる。

自然と一体化した建築には、自然と対峙した建築にはない魅力に満ちている。彼にとって建築は自然とともに生きるものであり、すべてのものに命があるように建築にも命があるとバワが語ってくるように感じた。

バワの建築で彼が用いた多くの手法は、世界のリゾート建築の手法として伝わり、多くの人を楽しませている。あと三〇年もすると、多くのバワの建築は自然に囲まれ、朽ちていくであろうが、朽ちてしまう前にその建築を掘り出して新しい息吹を与え、これまでなかった建築として蘇らせようとする建築家が出てくるやも知れぬ。できたらいいぞ。これまでにない遺跡建築じゃよ。リゾートホテルにはもってこいじゃ。

糞尿譚

エレファントパークというのがあって、象《ゾー》が放し飼いになっている。一日四〇〇キロのえさ、主として椰子《やし》の葉っぱなど繊維質の多いものを食べるから糞の量も半端じゃない。歩くあとに点々と残る。糞に含まれる繊維から紙をつくるのだと聞いた。「モゾー紙」とは呼ばない。このわら半紙をエコ紙だと称して、売店でけっこう高い値段で売っておった。

たしかに究極のエコ紙じゃが、ワシの想像では（これは川のなかで戯れる象たちを見て思いついたのじゃが）、何十頭もの大量の象の糞が流され、糞に含まれる繊維だけが石の間に詰まる、つまり、ふん詰まり状態になるのじゃな。これをこづかい稼ぎに、子どもたちが集めて紙をつくったのではあるまいかのう。繊維は水で晒《さら》されているからもう臭くない。それを漉《す》いて、わら半紙にするわけじゃよ。たぶん昔からそうしていたのじゃろう。しかし、これでヒトの糞を拭うわけにはいかん。固すぎる。じゃから、この国では用便の際に紙を使わないで水で流すのかのう。

エレファントパークでトイレを探したときのことじゃ。案内人に思わず、「ウォシュレットはどこか？」と聞いてしまった。案内人は不思議な顔をしながらも、トイレを指差した。

行ってみたら、二棟のトイレがあった。一つにはドライトイレット、もう一つにはウエットトイレットと英語で書いてあった。あるいは男用と女用？　と想像してみたが、そうではあるまい。戻って案内人に聞いた。「紙で拭くのがドライで、水で洗うのがウエットです」と明快な返事じゃ。

この言葉で催したのは便意よりも好奇心じゃよ。

早速ドライトイレに行ってみた。文字どおり水洗便所なので、これがドライかという気もするが紙で拭う。なるほど、なるほどと思いつつ、隣のウエットトイレへ。

水洗トイレではあったが、脇にバケツと小型のシャワーヘッドがついたホースが壁にかかっておる。これで洗うんじゃと思い、そのさまを想像してみると、ヤヤッツ、これはウォシュレット。新発見に興奮してしまったわい。ウォシュレットは昔からあったのじゃ。早速TOTOに知らせなきゃ。

が、しかし知らせなくてよかったのじゃよ。日本から帰ってすぐのことじゃった。アジアに足《あし》繁《しげ》く行っている男に、この話をしたら大笑いされた。

真相はこうじゃ。シャワーヘッドがあるのはごく最近のこと。たしかにシャワーヘッドを使って洗うそうじゃ。しかし、以前はトイレは川の上に建ててあって、トイレは単に穴があいているだけ。穴の脇に川の水を汲むひも付きのバケツがあり、その脇に小さな缶からが置いてあって、用を足したあと、バケツから缶に水を入れ、右手で尻の下にもっていき、左手でその水をヒョイヒョイと、それと思しき場所にひっかける。

決して、左手で汚物を取り除いたあとでその手を洗うのではない、汚物には絶対手を触れないと言い張ったが、ほんとかのう。爺はやってみたが、その格好をするのがなかなか難しいわい。

若いときからやっておれば習慣になるから、簡単にできるのかのう。

旅はゴール

旅はゴールに近づいた。といっても旅のゴールではなく、近づいたのはセイロン島南海岸の城塞都市ゴールじゃ。なぜ要塞都市なのかは歴史にかかわる。植民地時代じゃ。

ゴールは英語で書くとGalle。ガレとも読めそうじゃが、ポルトガルのガルからきている。一六世紀初頭、ポルトガル人がこの地を支配した。その後、オランダが支配してこの要塞をつくり、それから、イギリスの手に渡る。

イギリス人は、プランテーションの労働者として南インドからイスラム人を連れてきた。彼らタミール人はその後、長く社会問題を起こすことになる。ゴールには植民地時代の建築が残るが、教会やモスクが多く見受けられるのはそのためじゃ。

これまで巡ってきた街の住民は、ほとんどが仏教徒であったが、ヒンズー教徒、イスラム教徒と一緒になり、一九七二年にスリランカ(輝く島)をつくった。しかし、その過程がたいへんであったことはこの旅で知った。

泊まるホテルは、やはりバワの設計によるホテルじゃ。オランダ人がつくった要塞に似せた、窓一つない石に囲まれたエントランスから暗い螺旋階段を上がると、明るい真っ青な海が眼前に迫る。心にくい演出じゃな。床はモルタルなのじゃが、つるつるに仕上げてあるから、海からの逆光で床は見えずに、椅子だけが見えるという天才建築家バワの世界が広がる。

久しぶりに、夜中ごうごうという低い海鳴りを聞いた。脇からはスヤスヤといういびきにワシは思ったぞ。これ以上の幸福感はあるのじゃろうかとな。海に抱かれておるぞ。

ゴールからコロンボへ行き、旅は終わりとなる。そこに待ち受けていた景観は、中国資本による広大な干拓事業。「中国人労働者が多くなった」と呟く案内人の横顔に複雑な想いを見た。

「S殿、いま五日の午後一一時半ということは日本時間にすると、あす六日の午前三時というところじゃのう。これから中継地の香港に飛び、成田到着はあす午後二時じゃよ。ところで、この二日は島の南のゴールにいた。このゴールが旅のゴールかと思ったが、ゴールはコロンボということじゃが、ほんとうのゴールは成田じゃよ。ゴールに向け搭乗じゃ。スリランカよ、さらばじゃ」

オットット、また搭乗時間じゃ。まだ香港空港におるわい。

きのう東京に戻ったぞ。家についてホッとして、なんちゅうか、疲れてホットな風呂に入ったら眠くなってしもうて、飯も食わずに八時ころ寝てしまった。途中目が覚めたが、結局、外が明るくなる六時に目が覚めた。

が、しかし、ハックション！　じゃよ。スギ花粉が飛んでおる。自分のクシャミで目が覚めたようじゃ。

旅が終わったのじゃのう。

旅の記憶はクシャミをする旅（誤字）に花粉のように飛んでいくぞ。

目からは涙、ナメアミダブツじゃ。

二〇一八年四月五日

Ⅱ　白馬の春秋

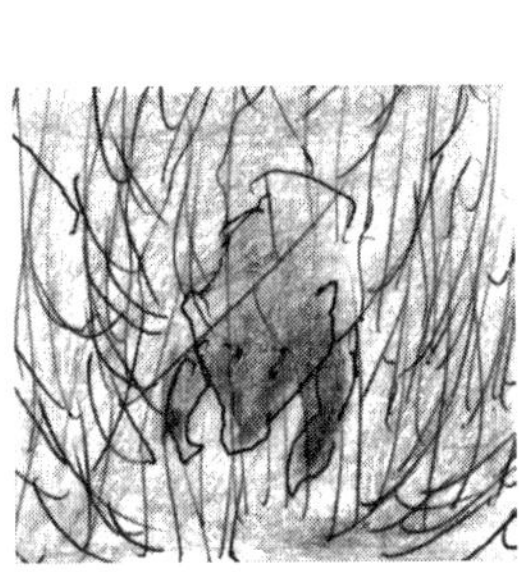

老人と渓流

彼は年をとっていた。四五年前に友人たちとつくった山小屋を根城に、白馬山麓の姫川で一人、釣り糸を垂れ、魚を獲る日々を過ごしていたが、最近は一匹も釣れない日が続いていた。最初のころは一人の少年がついていた。近くに住む少年であったが、最近は両親が、年寄りのそばに行くことはなにかあったらたいへんだ、と言って一緒にいるのをやめさせた。

最初に少年が老人についていたころは、見事なイワナを釣り上げるのをよく見た。だから、少年は来る日も来る日も釣れない老人の姿を見るのがつらかった。しかし、老人は足元もおぼつかなくなり、川の中でしりもちをついたりするので、そばにいてあげなければいけないとも思っていた。気持ちのやさしい少年であった。

少年が老人に会ったのは彼がまだ五歳くらいのときだった。当時、老人は少年に釣りのコツを教えたこともあった。

「今晩はうちに来て、ご飯でも食べない」と少年はある日の夕方、おずおずと言った。

両親の顔を思い浮かべたら、そんなことは言えなかったのだけれど、老人の魚の入っていない魚籠《びく》とさびしそうな顔を見て、つい言ってしまったのだ。

「ありがとうよ。お前はやさしい子だ。早く家に帰りなさい」

小屋までの道は、昔から決まっていた。小さな流れにそって小屋まで田や畑の中に続いている細い道が老人のお気に入りの帰り道であった。

ときどき交差するアスファルトの道が老人はいちばん嫌いだった。老人は「昔、このへんにはホタルがいたのに」というのが口癖だった。つい三〇年ほど前に、田に水を引く水路がコンクリートで固められたために、ホタルがいなくなったのだ。

「山小屋をつくったころはよかったなあ。まぶしいほどの蛍の光だった」。老人は呟いた。

老人が元気になったのは、久しぶりに東京の自宅に戻って、昔、一緒にテニスしていた友人から「イワナ釣りをしたい。僕も年をとった。自然の生活をすることのよさを教えてほしい」と頼まれたときだ。老人は二〇年前のような気分になり、少年に釣りのコツを教えた当時のことを思い出した。

相談の結果、新幹線で長野まで出てレンタカーで白馬に行くという計画になった。老人が釣りを覚えたのは、長野オリンピックが開催される前であったから、白馬に行くには中央線から大糸線に入り白馬駅に行くか、忙しいときは、夜の最終列車で松本まで行って、松本駅前で運賃を値切ってタクシーに乗るかであった。

イワナ釣りの会は、賑やかな顔ぶれとなった。

昔、スキーに来た人たちもイワナが食べられるという言葉につられてやってきた。いま時分、イワナを釣って食べるなんて、丹波の松茸を食べるのと同じほど贅沢なことだ。

女性陣も来た。昔、テニスやスキーで鍛えたせいか年を感じさせない姿を見て、老人は幸せな顔をしてほほえんだ。年をとると、いろいろ思い出すこともあるのだろう。

イワナを釣りたいと言った友人は、老人の想像に反してイワナを釣った。ビギナーズラックとも言い切れない腕前だった。

「川虫をとって釣ったら釣れるよ」と言わなければよかったと老人はひがんだ。川虫で釣れば釣れるのに、村の人は、彼にそれを決して教えてくれなかった。どんなに仲よしになっても、われわれは他所者《よそ》だということを、老人は嫌というほど思い知らされていた。

老人が川虫で釣ることを知ったのは、ひょんなことが始まりだった。彼はあるとき、釣り道具屋でミミズだのブドウ虫だのイクラだの、どんな条件でも対応できるだけのえさを買い込んだのだが、家を出るときに冷蔵庫の中に忘れてきてしまった。年寄りにはよくあることだ。いざ釣ろうと思って老人は茫然とした。しかし、いまからえさを買いに行くわけにもいかない。

「川虫で釣ってみよう」と彼は思った。

老人が川の中の石をひっくり返して、虫を探したのはこのときが初めてだった。そして、思わぬ釣果《ちょうか》があった。

初めて川の中の石の裏についている虫で釣れたときの興奮は、いまでも老人の頭の中に刻み込まれていた。「俺はお人よしなのだ」と老人は普段から思っていたが、今回、川虫を獲ってイワナを釣ることを教えたことには、なにか幸せを施したような気分であった。

皆は楽しい夜を過ごしたが、なぜか老人は一人白《しら》んでいた。きょうも思ったように釣れなかったからだ。

一人先に床に就いてうとうとしていると、屋根にたたきつける雨音に目を覚ました。まだ暗い。咄嗟《とっさ》に、これはいけるかもと彼は思った。きのうは川の水量が少なく、彼の長年の勘で魚はあまり釣れないと感じていたのだ。が、それはビギナーの前では口には出せなかった。

彼は明るくなるのを待って、こっそりと小屋を出た。昨夜の騒ぎが過ぎて皆ぐっすり寝ている。外に出ると雨は思ったより降っていなかった。

小屋は安普請で、天井は野地板が張ってあるだけだから、「雨音でおどかされたな。よし、きょうは釣り日和だ」と思いながら、老人は最近乗らなくなった車のアクセルを強く踏み込んだ。

川は増水して濁っていた。姫川本流はたじろぐほどの流れで、さすがに老人も川に下りるのをあきらめた。

「こういうときのための、とっておきの場所に行くか」と独り言を口にしながら、彼は姫川に注ぐ支流の流れを橋の上からのぞいた。

「よさそうだ。濁り水にはミミズか」とまた呟いた。

草が多く茂って、いつも川岸についている道が見つけられないほどで、最近人が来た気配はなかった。とげのある草をつかんで、痛む腰をいたわりながら川の際に下りた。

水は濁っているが、本流ほどの勢いはない。老人はゆっくりと竿を伸ばし、川の流れに沿ってイワナの好む場所にえさを運んだが、いっこうに当たりはなかった。

しかし、老人はこの日は冴えていた。昔読んだ渓流釣りの本の一節を思い出していた。

「この地方の釣りは、竿の先をしならせ、えさを躍らせて大物を釣る」

老人が、流れが戻るポイントで竿の先を左右に振り、えさを躍らせた瞬間、穂先が曲がった。

彼は叫んだ。「来た！」。大物特有の「ガツン」という当たり。

「尺イワナだ」。久しぶりの感触に彼は興奮していた。

「落ち着け、落ち着け」。竿は細く、糸も細い。

魚は岩の中にもぐりこむと思えば、下流に走る。

急流に向けて走られると、流れの強さと魚の勢いで竿は満月のようにしなる。

「糸が切れる！」

魚が走り、七メートルの竿の先の六メートルの糸が伸びきったとき、老人は背丈を超える崖を滑り下りて、流れに飛び込んだ。川の中に入ると体の自由はきかない。魚の動きはますます強く、糸が切れないように彼は強い流れに逆らわず、本流を下るしかなかった。

まずいと思いながらも必死に竿を操る。左手の笹の生い茂る岸が老人の目に入った。体は水の中。ウェーダーを着ていて自由がきかない。左岸に近づくように両足で踏ん張る。大イワナはまだ一〇メートル以上も先の下流にいる。竿がしなっているから、幸いにもまだ針に付いている。

足が浅瀬についで彼がほっとした瞬間、笹藪の中から黒い塊と鋭い目を見た。熊だ。

「ヤ・べーア」

老人は昔習った英語の悲鳴を発した。

が、慌てて足を滑らせたのか、したたかに頭を石にぶつけた。

やがて、「善兵衛さん！」と呼ぶ声に老人は気がついた。

気がつくと、川下の橋の上で少年が叫んでいる。何人かの村人が猟銃を手にして、なにやら叫んでいる。老人は右手の近くの岩に引っかかっていた竿に気がついて引き寄せたが、イワナは付いているような、付いていないような、先ほどの強い手ごたえを感じなかった。

少年が駆け寄ってきた。

「大丈夫？　怪我していない？」「アッ、頭から血が出ているよ」「なにか釣れているよ」

村人が遅れてやってきた。

「大丈夫か」「熊が出たというので来たところだ」

糸の先に付いている魚を見て言った。

「あー、イワナが熊に食われている。だけど、でけぇーイワナだな」

老人の怪我は大したことはなかった。村人に付き添われて小屋の近くまで来た。

老人が川べりに悔しそうに捨てた、熊に食われた大イワナを拾って、大事に持ってきた少年が言った。

「すごいよ、善兵衛さん。こんな大イワナを釣ったなんて。こんなきれいな大イワナの尻尾《しっぽ》を見たことないよ」

二〇一四年七月一三日

老人と白馬の狐

老人は久しぶりに中央線特急「スーパーあずさ」に乗って、白馬へスキーに行くことにした。「一人でスーパーあずさに乗るなんて、何年振りだろう」と彼は妙にうきうきした。新幹線で長野まで行けるようになってから、彼は新幹線を利用して長野駅まで行き、そこからバスかレンタカーで白馬に来ることが多くなった。

白馬で冬季オリンピックが開催されたことにともない、いわゆるオリンピック道路が長野と白馬の間に開通し便利になった。この一〇年、老人が凝っているイワナ釣りのときは、長野駅からレンタカーだ。

特急「スーパーあずさ」3号は新宿七時三〇分発、白馬には昼に着く。老人は、以前から中央線は貴重なローカル線になると考えている。というのは、新宿から白馬までの路線には、新幹線もできないし、この路線独特の旅のよさ、特

に変化のある車窓の景色がこれからも長く続くと感じていた。沿線は過疎なのだ。

小仏トンネルを過ぎ、笹子トンネルを抜けると、雄大な甲府盆地が左の窓いっぱいに広がった。ここは、見渡す限り斜面に沿ってなだらかなブドウ畑が連なる。四月末には、桃の花が霞と見紛うばかりに広がるのが望める場所でもある。

古い民家が多い甲府盆地を抜けると、左に南アルプスが見えてきた。

昔、老人が若気の至りで遭難しかけた鳳凰三山が見えてくる。彼はこのあたりでいつもこの山をじっと見入って当時を思い出すのだった。

「あのときは死ぬかと思ったな。みぞれで体温を奪われた」

彼は吹雪の中、運よく下山口を見つけたが、山を下りるにしたがって、雪はみぞれになった。当時のウェアもザックもいまのように防水性能がよくないので、何もかもが濡れ、凍死寸前になった。

「いま雪がないから登ってみたら」という言葉に乗せられて、安易な気持ちだった冬の山行きに対して、いまは反省している。

右手に見えてくる茅ヶ岳に雪はなく、日が当たっている。

「遠山に　日の当りたる　枯野かな」か。

老人は高浜虚子の句を呟いた。遭難しそうになったあの日、天気が急変する前に見た茅ヶ岳の姿を思い出しながら。甲府盆地の町々から始まる沿線の街並みは、昔の甲州街道そのままだと思った。

この地方は、緩い勾配のトタン葺きの屋根に覆われた古い木造の家々が続く。彼はその路線がローカル線であることの決め手の一つは、列車が右に左に傾くリズムのよさだと考えている。列車が傾くのは山沿いに川沿いに地形なりに走り、トンネルの少ないルートを選ぶからだ。

この路線は新幹線とは違い、トンネルが少ない。長いトンネルは、笹子トンネルを過ぎれば塩嶺トンネルしかない。この塩嶺トンネルも比較的新しくつくられたものだ。少し前までは、山あいを大きく南に迂回するルートであった。

「便利になったけど、風情はなくなるなあ」と老人は呟く。この迂回路は、右の車窓から中央線いちばんの桃源郷を見下ろせる彼のお気に入りの場所であった。

そして旅の圧巻は、松本駅から大糸線に入り、信濃大町駅を過ぎて始まる鹿島槍ヶ岳から白馬連峰に至る北アルプスの山々の景観だ。大町を過ぎると急に雪が増える。大げさではなく、雪面が斜めに見えるくらい、走るほど急激に積もっている雪が増える。目を一〇秒ほどつぶって開けると、景色が変わるのだ。

分水嶺となる佐野坂峠を越えると、間もなく白馬駅だ。老人がこの地に通い始めたころ、この駅は信濃四ツ谷と呼ばれていた。駅を降りると、白銀に輝く唐松岳を頂上とする八方尾根スキー場が眼前に迫る。

「アー、また来たか」と彼は昔を懐かしむように言った。たしかに、もう通い始めてから五〇年にもなるのだから無理もない。

彼が今回あえて一人旅を選んだのは、たまにはなにかゆっくりと昔をたどってみるのもいいのではないかと思ったからだ。

仲間は新幹線で長野に行き、長野駅からジャンボタクシーで来る。たぶん夜も遅くなって来るとの話なので、彼は久しぶりに昔のように一人で雪景色を楽しむつもりでいた。

小屋の周りの雪は、あまり深くなかった。あらかじめ入り口に置いてもらっていたシャベルを使い、雪を掘って扉を開けた。不凍栓を開ける。水栓を締める。暖炉に火を入れる。ヒーターのスイッチを入れる。冬、小屋に来たときの恒例の儀式である。

夜は、昔の丸八で営業をしている料理屋で一杯飲んで夕食をして、ゆっくり小屋で暖をとりながら、皆を待つという寸法である。

丸八とは、この新田部落の昔の庄屋の屋号で、昔、老人の後輩がこの家を当時流行《はや》った民宿にリフォームして以来、しばらくの間、冬になると老人がスキーのために通っていた家である。当時の「丸八のおばあちゃん」も、しばらく前に亡くなってしまった。

いまは村がこの家を買い取って、歴史的建造物として保存し、間取りは変えずに料理屋として人に貸している。

小屋からリフト沿いに雪の中を歩いて新田部落に入り、丸八に着いた。

「年の暮れはよくここにいたなあ」と老人は白馬錦を一杯口にして、建物の中を見回しながら昔を懐かしんだ。

いろいろ変わっているところはあるが、だいたい昔と同じだ。周りを見回していると思い出す。

大晦日はいつも丸八のおばあちゃんや泊り客みんなとストーブを囲んで、紅白歌合戦を観てから寝ていた。ストーブには酒のお燗ができるようになっていて、皆したたかに酔って寝るのが常だった。

彼は、いつもは使っていない布団がうんと積んである屋根裏の二階に箪笥《たんす》階段を上って一人で寝た。下から響く餅つきの音で目をさまし、元旦を迎える。土間には辛み大根が転がっていたことなどを次々に思い出した。

彼は独身のころ、こんなことを何年も続けていたのだ。

老人は雪の中、足を雪にとられながら孫八小屋まで戻った。

小屋は寒かったが、暖房もそこそこ効いていて、電源を入れて暖めてあった電気炬燵《ごたつ》にもぐりこんだ。時計を見ると、何とまだ七時。皆が来るまでまだ三〜四時間はありそうだ。

老人はもう少し飲もうと思い、白馬錦の一升瓶とコップを炬燵の上に置いのだが……。

老人は頬をなでる冷たい風で目が覚めた。

「ああ、いつの間にか居眠りをしてしまったのか。はて、ここはどこだろう」

彼は目が覚めたものの、まだ酔っぱらっている。朦朧《もうろう》としながらも自問する。

「ここはどこだ」

部屋は暗いが、布団の中にいることは分かった。冷たい風の入ってくる方向に寝返りをすると、窓が少し開いていて、その先はバルコニーがある。バルコニー越しに月明かりに雪を纏《まと》った木々が見えた。

「ああ、ここは孫八小屋だ。そうだ、きょうの午後、一人で来て、夕方、丸八で食事をして帰って来た。やはり、ここは小屋の中だ」

記憶が戻ったので、彼は開いている窓を閉めようとして、上半身を起こしかけると、バルコニーになにかの気配がした。

「はっ、熊か」

彼は思わず身をすくめて息をのむと同時に、雪の中の白い影が動き、なんと人の声を聞いた。

「お目覚めでございますか」

女の声と分かった。彼はギクッとして立ち上がろうとしたが、それを封じるように人影が囁く。

「こちらを見ないでくださいませ。もっとも、この暗さでは定かにお見えにはなれませんでしょうけど」

老人は思わず身を起こし目を凝らすと、暗闇の中にくっきりと白い着物の女人を見た。

「女狐か、雪女か！」ということしか、彼はこの現実離れした光景に頭に血が上って考えられなかった。

「お前は……」と彼は言おうとしたが、それを遮って女人は続ける。

「あなたさまの考えておられるとおり、わたしは狐でございます。あなたさまのご存じの丸八の稲荷の狐でございます」

「何、おまえは、き、狐か」

驚きのあまり、老人の心臓の鼓動は早鐘のように鳴り始めた。

「わたしどもは、丸八のご先祖さまから代々の皆さまを見守っている狐の一族でございます。先ほど、あなたさまが昔の丸八を出たときから、ずっとご一緒させていただいておりました」

女人は続けた。

「お願いです。話を聞いてくださいませ」

落ち着きを取り戻すと、彼は相手を見る余裕が生まれた。雪明かりで見える女人の顔を、しっかりと見定めようとした。

狐とはいえ、絶世の美女。この世の女とは見えぬ美しさだった。彼は酔ってはいたが、しっかりと女を見据える。と、夜目にもあでやかに、女は笑顔をつくった。

「いやですわ、そんなに見つめては。わたしどもは、人間の男性からそのような目で見つめられることに慣れておりません」

女は、一瞬目を伏せたが、再び顔を上げたときの目は、もとのすんだ目に戻っていた。そして、雪の上に正座した。

「あなたさまに感謝いたします。わたしどもは、お亡くなりになった丸八の奥方をお守りいたしておりました。奥方は先祖代々の中でわたしどもがお仕えする最後の方と思っておりました。昔は、白馬村は丸八のご主人さまでもっておりまして、大町までご領地を通っていけるほどでございました。そのご主人に先立たれ、ご苦労をされたのは、わたしどもとしても忍びないことでございました」

女は続ける。

「奥方は亡くなったご主人とともに、わたしどもの手の届かぬ満州に行かれてしまいました。

わたしどもには手を施すすべがございませんでした。終戦後、ご主人とともにこの地に再びお戻りになりました。ご主人は農地改革、そのほか急変する世の中についていけなかったのでございましょうか、帰国後、新しくできた農業協同組合の理事長に就任されて、間もなくお亡くなりになりました。その後の奥方のご苦労は、あなたさまもご存じのとおりでございますが、あのとおりご立派な方、皆さまに慕われていたのは、あの方のご人徳というものでございましょう」

老人は息を詰めて女人の話を聞いた。聞きながら、数十年間の丸八での出来事を走馬灯を見るように思い出していた。


老人はわれに返って、まだ外の雪の中にいる女人に言った。

「その雪の中では寒いし、座っていてはいけない。部屋の中にコンかい」

女人は、彼が思い出せないほど不思議な動きで部屋に入ってきた。歩くでもなく、滑るように……。これが噂に聞くフォックストロットか。

女人が入るとともに冷たい風の入る戸は音もなく閉じたが、それに気がついたのは、女人が彼の近くで話を続けてからであった。

「しかし、奥方も寄る年波、息子さんもお嬢さんもありながら……奥方の気持ちが分からなかったのでしょうか。そのころのことです。あなたさまがお友だちを連れてお見えになり、丸八を民宿に直し、その後、毎年多くのお仲間を連れてスキーにいらっしゃったのです。奥方はよく、この家を日建設計の寮にしてくれないかしら、とあなたさまに言っておりましたね。それから数年してあなたさまは、白馬は美しいところだから家を建てたいとおっしゃいました。奥方にお話をして丸八の残されたわずかな土地、田畑を農地改革でとられ、残った何にも使っていない急な斜面に、この小屋をお友だちと一緒につくられたのです。奥方が、小屋を建てられそうな、あちらこちらの土地をあなたさまに案内していたことを、いまでも覚えております」

女人は続けた。

「あなたさまは、竣工のお祝いの日に丸八の奥方をお招きになりました。あのころはまだ奥方が元気で、招かれたことが楽しかったようでした。奥方は小屋に入るなりおっしゃいました。まあ、小さい家ね、まるで丸八の孫みたい、と。それが孫八という、この小屋の名前のいわれですね。わたしどもはその日、床の下で一部始終を聞いていました。奥方は、皆さまといるときはいつも幸せな顔をしていました。楽しかったのでしょう。わたしたちも、とっても幸せでした」と話して、じっと彼の目を見た。

「話は尽きないのでございますが、一度お礼をと思っていました。ですが、なかなかその機会がございませんでした。いつもお仲間と楽しくしていらっしゃったものですから。きょうはほんとうに久しぶりに一人でいらっしゃったので、お話ができまして、肩の荷が下りた気がいたします」

女人は息を詰めて、老人を見つめて言った。

「よろしければ、お礼に、あなたさまを狐の園にお招きいたしますわ」

言う間もなく、彼女は彼をゆっくりと包みこんだ。老人はとっさのことに逆らえず、白い宙に舞うような気持ちを覚えた。

うなじから二の腕、そしてふくよかな胸元、かぐわしい香りに年甲斐もなく、われを忘れた。そして、目の前の伏し目がちの顔はなんと美しいことだろう。うなじから、しなり気味の背中へ回す彼の掌に、肌が熱い。


「お待ちくださいませ」と、女人は急に立ち上がろうとする。

「人が来ます。人が来ます」

うわずった声を出す女人を抱き寄せながら、彼は乾いた声を出した。

「そんなはずはない。まだ、誰も来るはずはない」

そんな彼から遠ざかろうとする女人の気配にあわてて、彼女の熱い手をしっかり握って、再び彼は囁いた。

「誰も来るはずはないよ」

が、老人の左の頬に触る彼女の頬は、心なしか冷たく感じられた……。

老人は徐々に正気を取り戻す。のどは渇き、左の頬には白馬錦の空瓶が触れ、右手は炬燵の足をしっかりつかみながら……。

「女人とは、あのようなものなのか」と彼の頭の中は、まだ青年のように熱かった。

頭上で、乱暴に入り口の扉を開ける音に続き、足音と声がした。

「着いた、着いた、着いた」「誰かいるかー」「腹減ったー」「風呂は沸いているかー」

二〇一五年四月五日

女人ではなく炬燵の……

白馬の酒と肴

このところ、わしのイワナ釣りの主戦場は白馬村の姫川周辺になった。もう数年通っているのじゃが、どの川のどこで釣れるかは毎年変わるのう。

大雨や雪解けでいったん川が増水すると石が流され、川の形が変わるから、魚のすみかが変わるのじゃ。魚のいちばんの敵は河川改修だ。わしはこのことを口癖になるほど言っているので、またここで書くのはやめにするが、思い出すのも嫌じゃ。

不思議なこともある。

突然、ある川でうんと釣れたのが、ぱったり釣れなくなる。皆が釣り尽くしたのかと思うが、ちょっと信じられないほどの違いがある。また、逆にいままで釣れなかったところで釣れるようになったりする。それが分からぬのはわしも修行が足りんのかのう。

釣り人は、だいたい自分の探しあてたお気に入りの場所をいくつか持っていて釣り巡るのだが、釣れる場所はシーズンによっても天候によっても違ってくる。魚は、水温が低いときは深み(淵)にいるが、水温が上がると瀬に出てくる。増水しているとそれなりに魚の集まるところが変わる。

そこらへんが釣りの面白さで、なるほど、この季節はこんな場所に魚がいるのだ、などと分かると、それを次回の参考のために頭に入れておくのじゃよ。

季節によっては、魚が食べるえさも変わってくるから、これも釣り人を悩ませるぞ。特に八月に入り川虫がいなくなると、あれこれ工夫がいる。工夫して、えさになる虫をつかまえたときはうれしい。「ヤッタゼ」と一人でにっこりする。

水生昆虫が羽化していなくなれば、川に落ちてきたものを食べるしかない。増水すればミミズも流されてくる。バッタも誤って川に落ちるじゃろ。

閻魔《エンマ》コオロギをつかまえて、これでイワナを釣ったことは何回かある。閻魔コオロギは獲るのが難しい。バッタは跳ねるが、コオロギは草の中を這《は》い回るからじゃ。虫の羽を切ったり足をもいだり、かわいそうだが、魚が食べやすいようにしてやる。

爺さんがコオロギやバッタをつかまえている姿は、はたから見たら、さぞかし滑稽だろうが、本人はいたって真剣なのじゃ。そんなことを必死に繰り返し、釣れた魚を持ち帰ると、小屋で待っている人たちがいれば歓声が上がる。

もっとも、白馬には養魚場があってイワナも分けてもらえるので、あまり魚の数が多いと「あそこで買ってきたのではないの」と言われるが、釣ったときは、買った魚のように寸法が揃っていないからすぐ分かる。

魚を開いて、きれいに洗って串に刺し、わしのつくった優れモノの魚焼き道具で焼くことしばし、香ばしい匂いが立ち上り、おいしいイワナの塩焼きが出来上がるという寸法じゃよ。

焼いている間に宴会は進行しているから、イワナは食事の後半の華となるし、皆、期待感に満ちているから、ことさらおいしく感じるのだろう。「ウマイ」「ウマイ」と言ってくれて、ありがたいぞ。

先日は地元の人たちに出したら、「おいしい、もう一匹食べたい」と言われたから、わしのイワナの塩焼きは自慢してよいのじゃろうのう。

そしてイワナの塩焼きには地元の酒、「白馬錦」がぴたっとくるのじゃよ。この白馬錦は田舎の酒で、不思議に東京に持って来て飲んでも、あまり感激しない。地元の空気で飲まなきゃならん。

この酒にいちばん合うイワナの食べ方を最近考えついた。

それはイワナをこんがりと、特に頭はしっかりと焼く。白馬錦を冷で飲みながらイワナを食べるわけだが、食べ始める前にまず、熱燗をつくっておき、ぐい呑みに、よーく焼いた頭をちぎって入れて、あらかじめ熱

燗を注いでおく。

ガブリガブリと身も骨も食べた後、ぐい呑みの骨酒をちびりちびり。これは至福の時じゃよ。山菜の採れる時期などは、これに山菜のてんぷらが加わる。山菜のてんぷらをむしゃむしゃと頬張り、それに白馬錦をぐいぐい。イワナをガブリガブリで、またぐいぐい。最後にちびりちびりじゃ。天にも昇る心地ぞする。


先日、日本建築家協会の大会で金沢に行った。ここでふとしたことから、「加賀鳶」という地元の酒に巡りあった。極寒仕込み純米酒が特にいい。これに合う肴はと思い巡らすと、これはやはり蕪《かぶら》ずしとなるのじゃのう。

となれば、ことしの冬は極寒仕込み純米酒の加賀鳶を手に入れて、蕪ずしで一杯やるかという気になった。もちろん蕪ずしは、わしがつくるのじゃが、けっこう手間がかかる。

簡単にいえば、寒ブリを蕪に挟んで麹床《こうじどこ》で漬け込むのじゃが、手間がかかるので、気合いを入れ、覚悟しないととりかかれない。つくり始めてできあがるまでに三週間はかかるからのう。

蕪ずしづくりの中で最も真剣になるのは、麹を起こし、麹床をつくるときじゃ。

まず、炊いたもち米に湯を加え、おかゆ状にする。その中に米麹をほぐして混ぜて六〇度で六〜七時間かけて麹床をつくる。だいたい夜半に仕込むのじゃが、朝早く起きて、うまくできておると感激する。味をみると驚くほど甘くなっておる。まあ、甘酒ができるといったほうがよいのだが、まことに神秘的なものだのう。

あとは、漬ける際に風味を出すため、一緒に混ぜる柚子《ゆず》の皮とニンジンの細切り、そして赤唐辛子の薄い輪切りを用意して混ぜておく。

そして、塩漬けの蕪の中に、これまた塩漬けしておいた寒ブリを挟んで、麹床を使って蕪の間に柚子、ニンジン、唐辛子を散らし、一週間漬け込むと、蕪ずしのできあがりじゃ。

なにか冬が待ち遠しくなってきたぞ。早く食いたいの。

二〇一五年一〇月一五日

白馬に遊ぶ

さて、せっかく釣った尺イワナを熊に食われたのは、いつごろじゃっただろうか。あのときはよく覚えてないのじゃが、あとから聞いた話とわしの記憶をつなげると、こうじゃ。

わしが覚えておるのは、雨上がりの川で大物ねらいの釣りをしておって、でかいイワナがかかったことじゃ。ぜひつかまえようと思い、三メートルもある崖を滑って下りて、竿の先におるイワナを逃すまいと必死になだめすかしつつ、竿を操ったのじゃが、イワナは暴れ、本流のほうにわしを引っ張った。

わしも頑張ったのじゃが、流れに堪えきれずに足を滑らし、どうも頭を岩にぶつけたようじゃ。気がつくまで、どのくらい時間が経ったのかは分からぬが、しっかり竿を手から離さずに持っておった。

下流の端で人が騒いでいて、「オーイ、大丈夫か」とわしに向かって叫んでおった。皆、鉄砲を手にしていて様子がおかしいのじゃが、近寄ってきた村人が言うには、熊が出て、わしが食われたと思ったらしい。

わしは気を取り戻し、さて釣ったイワナはと見た。頭と尻尾《しっぽ》はあるが、身がなくなっておった。

「クソッ」

わしは気絶していたのじゃから、死んでいたのも同然。熊はわしのほうは見向きもせず、暴れている大きなイワナに目がいくのは当然じゃろ。里に下りて、うまい具合に大イワナにありついて、満足して山に戻ったようじゃ。

あのとき、わしはヘミングウェイの『老人と海』の心境じゃったのう。その後、数日は夢に熊が出てきたぞ。

こんなことを思い出したのは、「楠川の上流の発電所のあたりにイワナがいるで。ただ、あそこは熊の巣だで、気ーつけろや」と、今回ここに来る前日に、親しくしている松沢さんから聞いたからじゃろう。

発電所は楠川沿いにある。糸魚川に行く国道が川を横切ってすぐ、国道から左に分かれる砂利道を行く。レンタカーじゃから注意して運転する。藪で付いたちょっとした擦り傷で補償金二万円をとられたことがある。

発電所はすぐ分かったが、それからの道は険しい。車体を

擦らないように注意して進むことしばし、川は二股に分かれ、そこに橋がかかっておった。どちらに行くかの思案橋じゃ。

周囲は意外に開けていて明るい。右が主流じゃ。流れの形はよかったが、増水しているため、本来の流れがよくはつかめぬ。きつい釣行《ちょうこう》を強いられる雰囲気じゃった。

きついというのは、川沿いに遠巻きしたり、岩登りをしなければ上流に行けぬ川の相で、こんな川では滑ったら、流れがきつく、流されて「オジャン」じゃよ。

きょうは水が多いので、釣りはしないつもりで行ったのじゃが、目で釣ってみることにする。目で釣るとは、増水した川が元に戻ったときに、どこで釣れそうかを想像しながら、ここで一匹、あそこで二匹と勘定するのじゃよ。

川の左岸がやや開けていて、タラの芽もそこそこある。そちらに向かって三〇メートルも歩いただろうか。急に藪に突き当たった。

なにか奥深い暗さが気になったが、そこに黒い影があった。

岩かなと思ったが、違った。

「アッツ」。胸がドキンじゃ。「熊じゃよう」

なにか不思議じゃが、あまり恐怖感はなかったぞ。様子をうかがうと、相手もあまり敵意はないようじゃ。

「こいつは、あのときの熊じゃねーか」との思いが一瞬頭をよぎった。夢に出た熊とも似ている。

「俺の大事なイワナを食いやがって」

なにかクマがゴロニャンの姿勢をしたように見えた。体が斜めになって腹が見えるぞ。意を決して、一〇メートルばかり、そろりそろりと近づくが、熊はいっこう動じる様子もない。

「お前はあのときの熊か!?」と声をかけると、なんと熊が「ウンウン」とうなずく仕草。以心伝心じゃな。

それから話すことしばし、分かったことは、こうじゃ。

あのとき、わしはしたたかに頭を打ったのじゃが、気を失っただけで頭に傷も残っていないのは、こいつが熊の神通力「チチンプイプイ」で治したからで、そのお礼にイワナを失敬したとのことじゃった。

「すると、おめいは、わしの命の恩人というわけか」

熊が歯を出してニッと笑った!!

熊につままれたという、信じがたい話じゃよ。

気もそぞろに夕暮れ迫る小屋にそろりと帰った。何もする気にならず、風呂に入ろうと思い、湯ぶねに湯を入れようとしたが、どうも故障しているようじゃった。風呂は諦めた。

きょうはなにかおかしいのう。冷蔵庫に入っていたビールを飲んだ。

いつも旨いはずのビールが、いまいちじゃ。「なぜジャー」。いくら飲んでもキレがなく、全然酔い心地がしない。

ふと、カンのラベルを見ると、なんと「アルコールフリー、アルコール分○・○○%」と書いてあるぞ。怒り心頭。ますます焦って、強～いジントニックに切り替えた。今度は酔いが回ってきたぞ。くるくるしてきたぞ。わしも単純じゃな。

酔っ払って気になったことがあった。

「この家に住む狸どもは、どうしているのじゃろう」

この家の床下には、二匹の狸が住んでおる。出入りをしているのは知っているし、まあ見て見ぬふりをするというのが狸との付き合い方じゃな。

数年前スキーに来て、九州から送られてきたイカを外に一晩出しておいたが、それがなくなったのは、この狸どもの仕業だなと睨んでおる。九州から来たアオリイカなんぞ食ったことがないだろうから、無理はないのじゃが、人のものを盗むのはいけないのう。

しかし、この狸どもは、うい奴なんじゃ。あるとき一度、耳を澄ましてこの狸どもの話を聞いたことがある。数年前、釣りに来たときのことじゃった。

「きのうは久しぶりの客だったね。スキーに来ていた人たちじゃない。あのときは、たしか男性四人と女性二人だったから、今度はちょっと多かったかな」

「皆、年をとっているけど、けっこう元気だわね」

「背の高いおっさんが釣り上手だったようだね。ほかの人に教えていたようだし、けっこう釣ってきたじゃないか。ピンクのセーターの人はニレ池で、ルアーで大きいのを釣ってきたね」

「女の人たちは、山菜を摘んできたようね。どこかしら。いまだったら猿倉あたりね。あそこは登り始めたところに立派なブナ林があるし、山好きな人たちにはうってつけの場所よ。フキを採ってきたわよ」

「ヨモギもあったようだね。ヨモギ団子をつくっていた」

「ヨモギ団子をつくるのは、いまどきめずらしいわよ」

「あれはおれも食いたかったなあ」

「わたしもよ。出ていくわけにもいかないし、残っていれば夜中に食べるところだったけど、皆食べられちゃったし」

「それにしても、皆よく食べて飲んでいたね。あの年の人間ってあんなに食べられるのかねえ」

「いちばん大きな人、声も多きいけど、すっごく食べていたわ」

「オードリーとかカトリーヌとか呼んでいたけど、あの女の人たち外国人なのかな?」

「わたしにはそうは見えなかったけど、でもきれいな人たちね。焼きもち焼ける」

「帰りに何人かは蓼科に行くようだったね」

「スキーに来て、今度来なかった人。ほら、朝から晩までお酒を飲んで、ちょっと風変わりなおじさんがいたじゃない。あの人の別荘に行くみたい」

「茅葺きの家で、囲炉裏があって、そこでイワナを焼いて食べるんだと言って、背の高い人はけさ早く起きて釣りに出かけたけど、どうしたかしら」

「朝飯を食べに外に出かけたから、分からなかったね」

「だけど、皆ちゃんとした人たちだったね」

「ああいう人たちが日本の高齢社会を支えているのよ」

「おれたちも年をとったら、見習うことが多くあって勉強になったよ」

「きのうは遅くまでうるさくて眠れなかったから、眠くなってきたにゃー」

「むにゃ、むにゃ」

「グースー」


下の部屋に階段で降りて、床下に耳をつけ、狸どもに声をかけた。

「おい、お前ら元気か」

「okagesamade genkinishiteimasu」

「それはよかった。お前らも年をとったろう」

「hei sorenarini」

「おい、わしはきょうは一人じゃ。なにか歌でも歌わぬか？」

「soredewa tanukino utademo」（注：た抜き）

「よし、それでいけ」

「tukigade♪ de♪ tukigade♪ miiketankouno ueni de♪」

「お前ら、馬鹿か」

「ie tanukidesu」


狸どもの馬鹿な歌を聴いて、ますますおかしくなったが、夜も更けてきたのう。天気予報では今夜は雨だと言うぞ。寝るにはよい時間じゃが、まだ気がかりになることがある。それは狐じゃ。長い間、新田の旧家、丸八の家を守ってきた狐じゃ。二年前の地震で狐が住んでいるお稲荷さんは半壊した。お稲荷さんは稲荷山という小高い山の上にある。

村の人が「どうしたら、よいかのう」とわしに相談があったが、修理するとなると、重機を山の上に持ち上げる道からつくらないといけないらしい。わしは建物より狐のほうが心配じゃった。

その狐は、たまにわしの前に出てくるのじゃが、さすがに狐、夢の中に出てくるのじゃよ。じゃから、いつ会えるか分からぬのが困るのじゃ。

きょうは熊に会い、狸とも話したから、狐に会えれば本望じゃ。

酔眼朦朧《すいがんもうろう》じゃが、なんとか布団に潜り込むと、急に屋根を叩く雨音が始まった。家の上には大きな木がかぶさるように生えているから、雨音も強くなったり弱くなったりじゃ。普通の雨音と、それに加え、葉の上に溜まった雨が風で落ちてくるから、強い雨音が交互にくる。しかし、子守唄とはいかぬぞ。普通の人には目覚めのオーケストラじゃ。

「ぱらぱら、バラバラ、ばたばた、ザアザア」

昔は山小屋でこんな音を一晩中聞いていたな、などと思いながら、うとうとしていると、はたして首筋にひんやり冷たい風が当たった。

小さな音が「コンコン」とする。

「狐よ、来たか」と言ったら、また「コンコン」じゃ。

「お前、来たなら来たと言え。来たのにコンコンとは何じゃ」

「わたしはcome comeと言っているつもりですが……I come here」と、いつの間にか部屋の隅に来て座っておった。

いつものように白い着物をまとっておるが、しかとは輪郭がつかめぬ。

「地震で壊れたお稲荷さんを直していただき、ありがとうございました。おかげさまで元の家に戻れました。それまでは応急仮設住宅に入っておりましたが。やはり元の家がいいですわ」

「そうか、村が用意した仮設住宅じゃな」

「ところで、何に化けて入居したのじゃ」

「丸八のおばあちゃんというわけにもいきませんから、ちょっと若い女に。村の役人を騙すなんてわけのないこと。木の葉でお金をこさえたし。皆、親切でした」

「だけどお前、夜は姿が狐になるから気を使ったろう」

「それはもう。特にお風呂を勧められたときは、どうしようかと思って」

「人間の裸の姿になって、風呂に入ったのか」

「あらいやですわ。貴方《あなた》に見られたような気がしてきますわ」

「化けの皮が剥がれないように気をつけて洗って、特にわたしの毛は人のとは違うので、湯に浮かんだのは、くせ毛にしておきましたわ」

「そうか、お前も苦労したな。さすがに今晩は年増に見えるぞ。まア、年相応か」

「きょうはなあ、熊にも出会ったし、下の狸どもにも会った。人間離れしたのがよかった」

「貴方に会えてようございました。先ほど熊に会いに行く前、楠川でちらりとお見かけして、小屋にお泊まりかと思っていましたが、先ほどまで狸の夫婦と話をしておられたので、遠慮しておりました」

「そーか、じゃがなー、この小屋もつくってから四〇年も経つぞ。小屋はピンピンしておるが、小屋をつくってきた者どもがへばってきた。来週はその相談で皆が集まるのじゃよ。お前らにこの小屋の番もしてもらわねばならぬかも知れんぞ」

「コンコン」

「なんじゃや、それ」

「皆、年をとって来なくなったのですね」

二〇一六年五月一七日

くま・くま・くま

「トラ・トラ・トラ」は真珠湾攻撃での「ワレ奇襲ニ成功セリ」の暗号じゃったが、「くま・くま・くま」も心ならずじゃったが、まあ言ってみれば「ワレ奇襲ニ成功セリ」と言ってよいのかのう。しかし、トラウマならぬ、トラクマになりそうな経験じゃったよ。

わしの熊との遭遇は、今回で三回目になる。

しばらく前のことじゃが、白馬村の渓流で大物が釣れ、足を滑らせて頭を石にぶつけ、気を失っている間に、この大イワナを熊に食われた。これが一回目じゃ。

二回目はことしの初夏、渓流の源流地点でわしの大イワナを食った奴に出会った。「あのときは悪かった。気を失っている間に釣り上げたイワナを失敬するなんて、熊の風上にもおけない振る舞いじゃと、仲間から言われ、再びお会いするのをお待ち申しておりました。申しわけない。死んだときには、ぜひ貴殿にわたしめの肝《きも》を差し上げたい」と言うから、許してあげたときじゃ。

どうも、熊は人間以上に平和主義者のようじゃのう。肝を差し出すなんて、人間社会では数少ないドナーのすることじゃよ。

肝がほしいから、「よし、これからは仲よくしようぜ。死ぬときは教えろよ」と言って別れた。握手をしようと思ったがやめた。相手の爪で怪我をするからな。

ものの本によると「ジーさんは山へ柴刈りに、バーさんは川へ洗濯に」という昔話のとおり、人間が山や川に入るから、熊は人間のテリトリーに入らず、やや引っ込んだところにおった。

そのころ、山では人間は炭焼きのために木を切り、山菜を採る。川では魚を獲り、水田に水を引く。いまのように水路はコンクリートで固められていなかったから、毎年、水田に水を引く前に村人総出で水路を清掃した。村に近いところでは里山、里川と言われておった。

しかし、いまはどうじゃい。

水路はコンクリートで固められた。いま風にいうとメンテナンスフリーじゃから、これが増えた。そのために、蛍のえさになるカワニナが水路に棲《す》めなくなり、蛍がいなくなった。白馬なんぞ初夏は満天の星のように蛍が空を乱舞していたものじゃが、いまは全くその姿はなくなった。ほんとうに一匹もおらぬのじゃ。

「ジイさんはたまには川でイワナ釣り、バアさんは洗濯機で洗濯」じゃから、熊は人気《ひとけ》がなくなった人里近い山や川におのずと近づくことになるんじゃ。

白馬村にも熊が出没するときがある。二年くらい前に、イワナ釣りをしていると電話が鳴った。

「チェッ、ヘボ用か」

ポケットの携帯電話を探る。

「小倉さんかよ。その川に熊が出たで。キーつけろや」

わし「ゲエーーー」

われわれの小屋を建ててくれた地元の松沢さんからの親切な電話じゃった。

慌てて周りを見渡したが、熊の姿はなかった。その後も釣りを続けたが、あまり気持ちのよいものではなかったのう。


ワイフから、一人で釣りに行くなと言われている。わしも、もっともなことだと思うから、最近はなるべく誰か誘うことにしている。

しかし、イワナ釣りは海の釣りのように皆と一緒に釣るわけにはいかぬ。

一人ずつ別れて釣るから、三人で力を合わせて熊退治というわけにはいかぬ。渓流に出るまではよいが、釣っているときは自分で自分を守るほかはない。しかし、助けを呼ぶとか、待ち合わせ時間を決めるとか、リスクを避けるには同行者がいたほうがよい。

おかげで一緒に行く人も増えてきた。贅沢は言っていられないが、同行者にもいろいろおるぞ。

最近、若手の男が一人、釣り仲間に加わった。昔ラグビーをやっていたとかで、足は素早く、体はがっしりしている。見た感じでは頼もしい限りなのじゃが、彼を先頭にして藪漕ぎ(藪の中を進む)をしていると、いつの間にかわしの後ろにいるのじゃよ。ラグビーも先に進むと見せかけてすばしっこく背後に回ることもあるから、この種の動きが身についているのじゃなとわしは睨んでおる。

熊についての本を読み漁って、頭でっかちになっている男もいる。この御仁は出《い》で立《た》ちがすごい。腰に鉈《なた》を差している。頭には熊に襲われたときに安全なようにヘルメットを着用、熊よけスプレーを持ち、熊よけの鈴も着けているぞ。釣りに行くというよりは熊退治に行く支度じゃよ。わしも熊に関して気になり、いろいろ本を読んだが、熊に遭遇して口に手を突っ込み、舌をつかんで退治したという話はあるものの、見事に鉈で斬り伏せたなんて、書いてなかったわい。

服装を見ると大ベテラン、しかし、いっこう釣果《ちょうか》が上がらぬ御仁もいるぞ。デザイナー系にこのタイプは多い。わしどもの事務所にいたデザイナーもその一人じゃ。中にはわしが見落としたポイントで釣る奴もいる。こんなときは平静を装うが、実は悔しいのう。

一般的に釣り人のあいだでは、熊よけ鈴、爆竹、最近では熊よけスプレーが三種の神器のようじゃが、熊に関する本を三冊読んだ限りでは、熊に殺《や》られたときはいずれも役立たずじゃ。

熊に殺られるケースでいちばん多いのが、五メートル以内での鉢合わせじゃ。両者が驚いて、結果として人間が襲われるケースじゃ。もっとも、『山でクマに会う方法』なんて本があるくらいじゃから、なかなか熊には会えんものなのじゃ。

新しい熊の糞があったら逃げるべしとも、だいたいの本には書いてある。臭いからすぐ分かるぞ。だからといって、人間が糞をすると逆効果のようじゃ。「俺たちのテリトリーに、何だこの糞ー」と反発するようじゃ。

糞も小便もマーキングじゃから、熊にはとても重要なんじゃ。犬の散歩をする者は分かっておるじゃろ。だから、熊のテリトリーでやたら小便もしてはならぬ。

熊は「くま・くそ・まく」じゃが、実は人間はその逆で「くま・そく・まく」が最良の予防法だと分かったぞ。熊がいると分かったら即、まくのじゃ。今回、何をまくか偶然分かったのじゃよ。命がけの体験じゃったがのう。

九月末、ことし最後の釣行《ちょうこう》と思い、ワイフには嘘をつき、一人で白馬山麓、楠川に出かけた。夕方、現地に着き、様子を見に行こうと思ったそのときじゃ。犬を連れたオヤジが川のほうから上がってきて「散歩に行ったが、犬が後ずさりして進まなんだ。熊がいるデヤ。キーつけろ」

だからといって、釣りをしないで帰るわけにはいかぬぞ。

翌朝、少し神経質になったものの、完全装備をする気にもなれず、熊よけの鈴と、熊よけスプレー代わりに小屋の隅にあったキンチョールをポケットに入れ、楠川に出陣した。念のため、小屋の前でスプレーを試したが、「プシュー」と勢いよく噴射した。「これで十分じゃ!!」。すぐ使えるように右のポケットに入れた。

ポケットには、獲ったイワナの腹わたを抜くための先の曲がったペンチも入っている。獲った獲物は腹から傷むから、ある程度獲ったら腹わたを抜いて川の水で洗っておくほうが、魚が傷まないのじゃよ。

途中、原っぱでえさになるバッタ獲りをした。これはけっこう時間がかかるんじゃが、大切なことじゃ。ジジイのバッタ獲りじゃからけっこう笑えるのう。バッタ獲りのコツはまずは追っかける。五回くらい飛んで逃げるが、敵は疲れて葉っぱの裏に隠れる。これを両手でつかまえる。

いちばんよいえさは閻魔《エンマ》コウロギじゃ。が、こいつはなかなかつかまらぬ。バッタと違って低く草の中を跳ね回るのじゃ。コオロギの羽は擦り合わせて鳴くためにあるのじゃから、跳ぶときは羽は使わぬ。網をかぶせても擦り抜ける。

手間のかかる奴じゃが、イワナはこのでかい奴を一呑みにする。もっとも、つかまえたら羽をきれいに切り揃えたり、魚が呑み込んで腹を蹴られぬように、かわいそうじゃが、跳ねるときに使うでかい足は切っておく。こうすると、イワナには美味しそうな腹が丸見えになるのじゃよ。

河原に出るまで藪漕ぎがある。熊よけの鈴だけではいかんと思い、いつも歌を歌う。こんなときは歌がいちばんなんじゃ。わしは人前では歌は歌わんが、こんなときには自然と声が出る。最初は小声だけど、歩きながら歌うから、だんだん声も大きくなる。

「夕焼け小焼けの赤とんぼ……」。これは寂しくなるの。

ますます心配になる。

「上を向いてアールコオオ……」。涙がこぼれるの。

これもダメじゃ。

「葛城健児、いざやいざ、戦わんかな、時至る!!」

これはよいぞ。わしが卒業した千葉第一高等学校の応援歌じゃ。

「タタ～カワンカナ、トキイタル、カツラギケンジ、イザヤイザ!!!!!!」

これを繰り返し、勢いよく歩くことしばし。無事に川岸に着いた。周りを見渡す。人影もなく、ほかに動く黒いものもなくホッとする。

川の水は澄んでいる。水に影を落とさぬように、そろりそろりと岩陰からポイントに近づいて、リュックから竿を取り出す。

一時間ほどじゃったか、型のよいのを三匹ほどゲット。「まあ、こんなもんじゃ、あとは来年に回して、ことしはこれにて終了」「よし、やめだ」

立ち上がって「ポン・ポン・ポン」と手打ちをした。

と、川上の茂みが揺れた。

「ドキッ」とし、しまったと思った。

目をそらすわけにもいかぬから、じっと茂みの方を見つめた。が、何の気配もなかった。そっと竿をたたもうかと思い、竿に手をやり、持ち上げたそのとき、ぬっと熊が出た。

竿の長さは七メートルじゃから、熊との距離は九メートルくらいじゃったか。

目が見えた。こちらを見ている。

いろいろ頭によぎるが、何も分からん。竿から手を離し、熊の目を見ながら一歩、また一歩と後ずさりをした。背を見せて逃げないということは考えた。

何歩下がったか、足元は岩でどうも川の中に入ってしまったらしい。両足とも水の中じゃ。それでもポケットのキンチョールの缶があることは確かめたが、ポケットのジッパーが開かぬ。

中腰のまま、目を熊から離さず、後ずさったそのとき、足が滑ったー。

左足が深みにはまり、バランスをとるために「うっつ」と声が出て、両手を挙げて仁王立ちの姿勢になってしまった。

これに熊が驚き、わしに向かってきた。熊が口を開けた。ピンクの口の中に黄色い歯が見えた。何も考える余裕もなかったが、このままだと腹を食いちぎられると感じた。本能的に右足を使い、体をひねって逃げようとしたが、出した足がまた深みにはまり、倒れて右の横腹を岩で強く打った。

「うっつ」。万事休す。苦しくなり体を丸めた。

背にはリュックがある。左手で頭を押さえ、右手で腹を抱え、背を丸め、膝を曲げ、うつ伏せになった。顔が水に浸かるのを感じた。脇腹と右手がいやに冷たくなった。が、同時に背中から尻にかけてガツンと重くなった。熊じゃよーー。

一瞬、失神しそうじゃった。

何秒たっただろうか、熊の動く気配はない。息をするために顔をわずかに水からあげると、熊の匂いとは違った強い匂いがした。

いつ食われるかと覚悟したが、まもなく背中の重みがなくなった。バシャバシャという水音が聞こえ、その音も消えた。

気が遠くなるとは、このことじゃのう。

気がつけば、シュウシュウと音がしている。キンチョールじゃよ。キンチョーの一瞬が解け、キンチョールの時間

となったぞ。
あたりにはキンチョールが缶から噴き出る音しか聞こえぬ。静かな、静かな、涙が出るような幸せな一瞬じゃった。ほんとうは強い匂いで涙が出たのじゃが。
われに戻ると、水に濡れた下半身が温かくなっている。キンチョールの匂いのする中で失禁している。キンチョーの一瞬じゃったから仕方あるまい。

「失禁で済んだ」

助かった嬉しさに、思わず笑いがこみ上げてきた。
何という安堵感じゃろうか。しばし水の中にいたぞ。帰る際にジッパーを開け、キンチョールの缶を探ってみたら、ポケットに一緒に入っていた先の曲がったペンチが缶にグッサリと突き刺さっておった。

（缶）

二〇一六年九月二八日

Ⅲ 善兵衛の流儀

善兵衛の尺取虫

この話はちと長くなるぞ。

皆が知っているとおり、わしはイワナ釣りに興味を持っておる。身も心もはまっているとは言わないが、心ははまっているようじゃ。身も心もはまったら、毎週川に行くか、田舎に居を移すしかないだろうが、そこまではいかぬのー。

さて、いつごろからイワナ釣りに興味を持ったのじゃろうか。初めて川に行ったのは三〇年も前じゃろうか。

あるとき、親しくしていた若い建築家が山形県新庄の生まれで、なにかのときにイワナ釣りの話になり、「それじゃ、小倉さんにイワナ釣りを見せてやるべ」ということになった。当時、この男とは海で一緒に釣りをしたことを覚えている。

そうじゃ、この男の名前は忘れたが、綽名《あだな》が「ピラフ」じゃった。テニス仲間でもある、わしの友人が、津田沼駅前に「フォレストヒル」という喫茶店兼レストランを経営していて、近くの千葉工業大に通っていたこの男が、毎日ピラフを食べに通ったことに由来するらしいぞ。

そうだわい、なぜ、このころに釣りをしたのか思い出したぞ。

当時は若く元気で非常に忙しくしておった。あるとき、会社の健康診断で胸のレントゲン写真の撮り直しになった。

「先生、この時代にレントゲン写真撮影に失敗するなんてこと、あるんですねエー」

先生はじっとわしの顔を見て「バカなこと言うんじゃないよ。君の胸に影が見つかったので、精密検査なんだよ」

「ゲッツ」

「だいたい君の生活に休養時間がないね。だめだよ、休まなくては」

結果は二年間テニスをしてはいけない、当分禁酒というきついお達しで、薬を二年間飲まされるはめになった。たしかに仕事に遊びに休む間もなく、うつつを抜かしておったのう。

仕事が終わり、あくる日にテニスの試合があるというのに銀座で二時ころまで酒を飲んだことがあった。飲んでタクシーで家に帰ると午前三時じゃ。このまま家で寝ると、千葉オープンの試合開始時間に遅れそうなので、家からテニスの道具を持ち出し、自分の車で大会の会場に行き、駐車場にとめた車の中で寝るなんて無茶をやっておったのう。

ここで、この世界からは足を洗ったわい。

しかし、「おい誰か寝てるぞ。アレ、小倉さんじゃないの」。この声はまだわしの耳にはっきりと残っておる。

さて、キツイ運動をしてはいけないことになって、義理の親父は喜んだ。ゴルフじゃ。オヤジのお誘いに耳も貸さなかったわしが、テニス禁止じゃ。ゴルフクラブを一式持ってきて、にこにこしておったわい。これがわしのゴルフの馴れ初めじゃが、同時に考えついたのが釣りじゃった。

テニス仲間もわしに同情してくれて、よく一緒に房総半島の海に行った。ここにピラフの別荘があったのじゃ。

横道にそれてしまったが、ピラフは新庄に着くと居酒屋にわしを連れて行った。居酒屋のオヤジが、あす釣りを見せてくれると言う。わしは毛頭釣りをするつもりはなく、カメラでその姿を収めようと思っておった。

「昔は俵いっぱい釣ったもんじゃ」とオヤジは言った。

あくる朝、新庄から車で最上川沿いに下り、羽黒山近くの川に入った。残雪が深く残っていたことを覚えておる。川沿いに新しい足跡のついている川を避けた。「なるほど、人の入った川では釣れない」。このとき学んだ。

途中、ピラフと川を渡ったら、「川を渡るんじゃネー」と大声で怒られたぞ。昼間になると雪解けて増水し、戻れなくなるのじゃ。これもこのとき学んだのう。川上で雨が降ると同じことが起きるのじゃから、川を渡るときは気をつけないといけない。

このオヤジは、変な格好をしながら釣りをしておった。体を丸めたり背伸びをしたりしながら釣っておるのじゃ。そのときは、なぜそんな姿勢をしながら釣りをしているか分からなんだが、しばらくあとに釣りの本を読んで分かった。

「木化け、石化け」というそうじゃ。周囲に木が生えているところで釣るときは木のようになり、岩のあるところでは石のようになれということじゃ。そのオヤジは、ピラフが言うとおり名人じゃった。

その後、しばらくして運動が解禁となると、またテニスを始めた。しかし、銀座通いはやめたのう。家庭もあるし、体にも気を使わんといかんし、だいいち金もかかるぞ。

再び渓流釣りに目覚めたのは、山中湖の小さなリゾートマンションを買ったとき、いまから一五年ほど前じゃ。

山伏峠を源流とする道志川という清流があり、ここでヤマメが釣れるのじゃ。神奈川県民の水源となっている川じゃ。それからというもの、本で読んで勉強し、実地に行って訓練をして腕を磨いた。当時、山中湖にいるときはわしが毎日釣りに行くので、奥方は呆れた顔をしていたのう。最近は「なぜ釣りに行かないの？」とわしに聞く。

なぜって、道志川は荒れて魚が釣れなくなったからじゃ。河川改修工事は魚の敵だ。護岸改修工事をすると、曲がっていた川はまっすぐになり、淵がなくなり、大きな石は片づけられ、魚が棲《す》めなくなるのじゃ。

コンクリートの護岸ができて人が近づけなくなると、人も川に愛着を持てなくなるのう。人とのつながりもなくなり、その川は下水同然になっていく。それを魚はいちばんよく知っておるぞ。

さて、本題に戻るとするか。

その後は遠征もした。北海道にも行ったし、山口の清流である高津川にも行った。この川は四万十川よりもきれいな川と言われておる。佐渡島にもこの数年間、春先に通った。白馬の姫川とその支流にも行ったのはもちろんじゃ。

そして、やっと分かったことは、当たり前のことじゃが、魚は魚のいるところで釣れということじゃ。多くの者たちは魚のいないところで糸を垂れているようじゃのう。魚が好んで棲む場所というものがある。その場所を知ることが肝要じゃ。それから、「木化け、石化け」じゃ。しかし、これればかりは数を重ねぬと分らぬものだ。

能書きを垂れるのはこのくらいとして、釣りをしていると大物がかかることがある。イワナでいうと「尺イワナ」じゃな。一尺（約三〇センチメートル）のイワナを釣り上げることは珍しく、釣り師の夢じゃ。

自慢じゃないが、わしは一尺オーバーを三匹釣り上げておる。いずれも白馬の姫川周辺じゃ。ほかでも、尺イワナらしき大物は何度もかかったが、糸が切れて逃がしてしもうた。

こればかりは悔しいのう。一〇分もかかってやりとりして、いざ魚を引き上げようとしてその瞬間、

「アーー、糸がキレタ」という奴じゃ。

糸を太くすると、魚がえさを咥《くわ》えなくなる。不自然に感じるのじゃろ。それで糸を極力細くする。すると、魚はえさを咥えるが糸が切れる。こんな単純なことが、どうしても解決しないのじゃ。

わしは考えたぞ。

「解決法を考えるべきか、考えざるべきか」

食うか食われるかのように、永遠の問題にしておくほうがいいとも言えるのじゃ。ウーム、これは哲学じゃのう。

しかし、わしは凡人だから考えた。

何とか糸が切れないうちに大イワナをキャッチして、食うことができないかとナ。海釣りは不作法でなんでも構わぬから、こんなときには柄の長い玉網《たもあみ》を繰り出して魚をキャッチする。よく見る風景じゃ。

しかし、そんなブサイクな網を渓流に持って行けぬぞ。抜き足差し足で、そこと思しきポイントにたどり着き、岩にへばりついてじゃ、その陰から竿を出すという神秘さが身上のイワナ釣りに、不細工な玉網なんぞ持って行けるかい。

玉網を持って行くくらいなら、釣りに行かぬほうがよいぞ。

しかし、釣り上げたいのう。バラすのは癪《しゃく》だのう。

と、わしは閃いた。

わしは「考える葦じゃ」(ダジャレだぞ)。

西部の男が投げ縄で馬や牛をとらえる。これじゃ。この原理で魚を獲るのじゃ。しかし、投げ縄で魚はつかめぬのじゃ。それくらいは、わしも分かっちょる。

「ここが肝心、よく考えろ、善兵衛!」

投げ縄の先にはワッパがついておるの。魚は糸の先について暴れておる。そして、糸は竿の先についておる。じゃから、竿に沿って投げ縄を投げれば、よいのじゃ。そして、ワッパに網をつければよいのじゃ。

「コレじゃ」

それからまた考えたぞ。どうやって魚に網をかぶせるかじゃ。竿の根元からワッパにつけた網を入れ、それを竿に沿って投げれば、網は竿の先から糸に沿って飛んで行くはずじゃ。網に丈夫な紐をつけておけばよい。魚に網がかかったら、この紐を引っ張れば網に入った大イワナが引き寄せられるのじゃ。

竿の根元は太いが、魚の頭より細いぞ。網が竿の根元から入るように細くして、魚を包むように次第に太くする。末広がりになった網のいちばん広がった部分に、取り込み用の太い糸をつけておくのじゃ。これがこの網の設計概要じゃ。

分かるかな。図解でもせんと分からんだろ。

えさを咥えたイワナから見れば、突然、頭から網がかぶさってくる。と、間もなく、もじゃもじゃしているうちに、尻尾《しっぽ》のほうから網が体にからめられ、持ち上げられてしまうという寸法なのじゃ。

この道具はエレガントじゃなきゃいけないのう。不細工な、いかにも魚を獲る網というものじゃないぞ。まずはポケットに入らなければなるまい。

渓流を遡るには、両手が使えることが必須じゃ。熊も出るし、マムシも出るぞ。ポケットにこの網を入れて、両手が使えるようにしておかねばならぬ。いざというとき、ポケットから取り出したら、伸びて役に立つようにしなければならぬ。

人間の体だって大切なものはそのようにできておるぞ。

「ノビテチヂム、チヂンデノビルじゃ」

自然界の見本は「ウーム」。そうじゃ、「尺取虫じゃ!!!!」

そうじゃ、「尺」取虫のアイディアを借りて、尺イワナを獲るのじゃ。

それをつくるのが、善兵衛、あなたの仕事じゃ。


わしは、自分の発想に久しぶりに興奮したぞ。まるで建築の設計をしているとき、よいアイディアに出遭ったときのようじゃった。久しぶりに気持ちが高ぶった。できあがったら特許ものじゃわい。

しかし、考えつくのはいつも酒を飲んでのうえじゃ。あくる朝になってみると、バカな話であったということはよくある話じゃ。皆、経験済みじゃろうが。あくる朝は恐る恐る目を開けたぞ。冷静に考えたが、やはりこれぞと確信した。

わしはまず東急ハンズに行った。ここは素材が豊富で想像力を喚起するところだ。網を竿の根元から入れて、エイッと竿先の糸にめがけて投げる。その網は尺イワナめがけて飛んで行く、そして、大イワナが網に包まる。それの道糸で引き上げる。

もうイメージは十分じゃ。そんな動きをしていたのだろうか。店におる周りの客が変な顔をして、わしを見ておった。


尺取虫も観察した。わしの尺取虫と本物の動きはだいぶ違うわい。しかし、参考になったのう。上手に伸びチヂミするものじゃのう。

いろいろ試作をしたぞ。そして、わしは、これでよいという試作品ができたところで、試し釣りをした。


白馬の姫川本流。わたしのお気に入りのポイントだった。二回目に魚がえさに食いついたぞ。ググッという手ごたえがあり、竿の先は満月のようにしなった。

しばらくやりとりをしていると、水底から魚の形が現れた。でかい、一尺はあるようじゃ。そこで、ポケットに忍ばせておいた尺取虫試作品をやおら取り出した。

ちょっと恥ずかしい気もしたが、誰もいない。エイヤっと、かねてからのイメージどおり、尺取虫を竿の根元から入れて竿先に向かって投げた。思惑どおりに尺取虫はイワナめがけて飛んで行くではないか。心が躍るとはこのことか。胸はドキドキじゃ。

竿を上げ、網がイワナにかかったのを見て、手元に引き寄せたら、どうじゃ。魚の手前で網が団子になってしもうて、魚にかかるようなかからぬような、網にからまるはずの大イワナは、団子になった網の目の前で困って、じっとこちらを見ておったわい。

「わたしはどうしたらよいのでひょ、善兵衛さん」と言っているようじゃった。

と、その瞬間、イワナがひと暴れして逃げてしもうた。

網が団子になったのは、網をつなげる細い針金に網がひっかかったことが理由じゃと分かった。そして、この網団子に針をつける細い糸がひっかかり、魚と網団子の重みで、プッツリと切れたのじゃ。

「しもうたワイ」

竿の弾力があるから、細い糸で魚を引っ張れるのじゃが、竿の弾力がないと、糸はいともたやすく切れてしまうのじゃ。網が団子になった理由じゃが、まずは、針金に糸がからんだのは初歩的なミスじゃったが、網の糸が太いと、川の流れによって団子になりやすいことも分かったぞ。これが今回の改良のポイントじゃ。

東急ハンズにまた行ったぞ。これで、いいのができることを祈ってな。

目の粗い細いナイロンのネットがあったぞ。これじゃ、これじゃ。これを使ってまた試作じゃ。やっと、新しいのがゆうべ遅くできた。最初から数えると五作目だ。

今度こそは、この努力が報われるじゃろう。

新しい作品を試すときは、あすやってくる。場所は白馬山麓の楠川だ。絶好のポイントがあるのじゃ。

今度はうまくいくと思うと胸が躍る。酒を飲みながら、尺取虫が尺イワナをつかまえる姿を想像しながら、一人でニヤニヤしておるぞ。

それから一年後、著名な釣り具店「チョメチョメ屋」からの要請で、善兵衛謹製の巨大イワナ取り込み用の秘具「尺取虫」は発売されることとなった。……というお話です。

二〇一五年九月一五日

天下一品・善兵衛本舗

尺取虫

取扱説明書

この度、長年にわたるイワナ釣りの経験に基づいて
糸が切れて引き上げられない大イワナを取り込む
秘具「尺取虫」を発売することになりました。
他の商品ともども、ご愛顧のほどお願いします。

店主謹白　小倉善兵衛

〔尺取虫の特徴〕

- 優れた耐久性と堅牢性、手入れ不要
- 必要なとき以外に邪魔にならない
- 軽量コンパクト、持ち運び自由

〔各部の名称と働き〕

「尺イワナだ！　大きすぎて釣り上がらない」

「糸が切れそう…」という時に、イワナをキャッチする道具です。

この道具はどのような条件でも扱えるように伸縮自在なので、

「尺取虫」と名づけました。尺取虫が尺イワナをつかまえます。

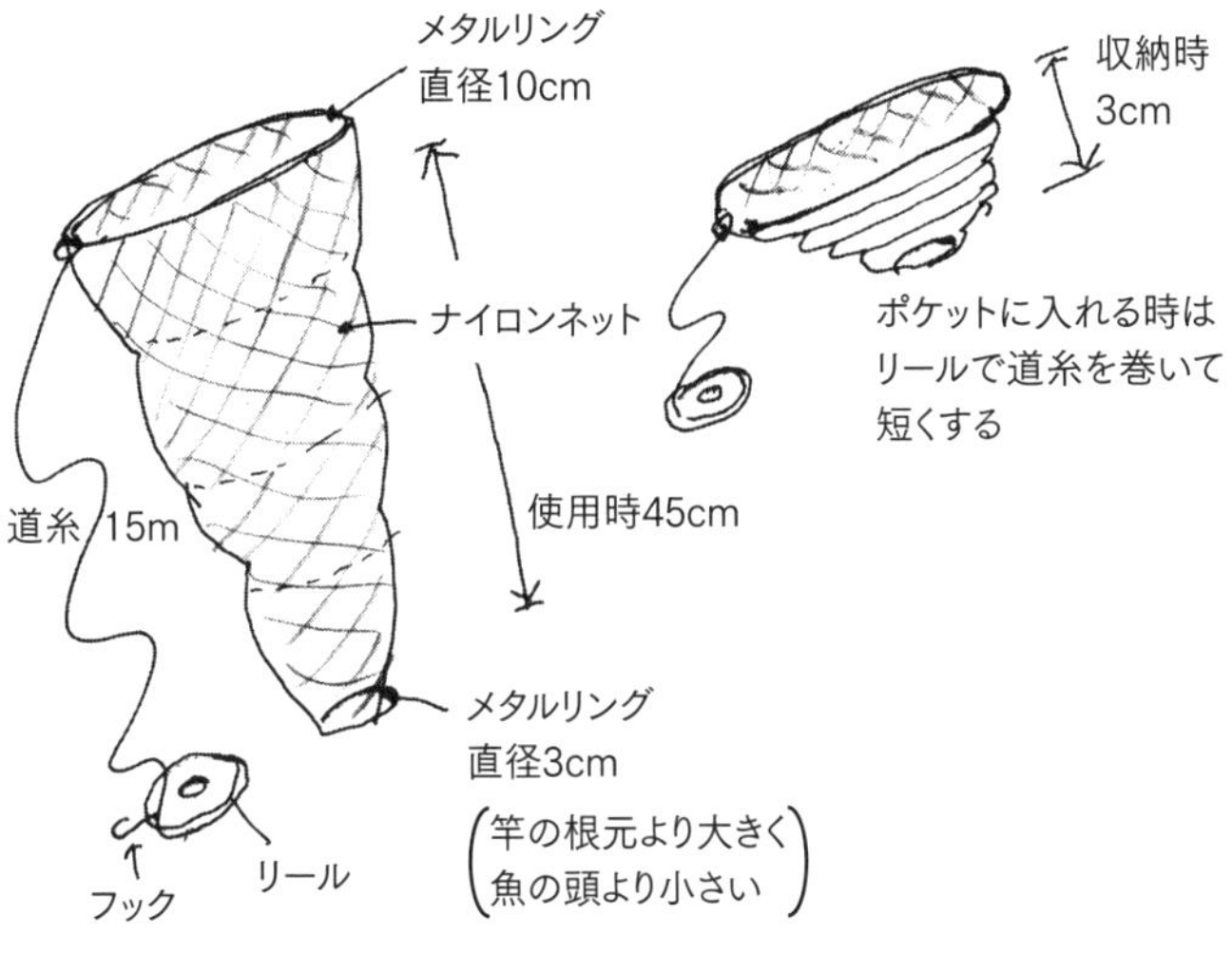

注意❶ 道糸のリールについているフックをズボンのベルトに取りつけてから釣り始めてください。

注意❷ 大イワナが川下にいる状態を見計らって尺取虫をお使いください。

注意❸ 尺取虫を竿先めがけて一気に投げてください。
尺取虫が竿先を過ぎれば、あとは尺取虫が尺イワナをつかまえます。

〈使用手順〉

❶大物がかかったら、糸を切られぬように十分注意しながらイワナを川下に誘導し、イワナが静かになったのを見計らい、ポケットから尺取虫を取り出し、道糸がフックでベルトについていることを確認します。竿を左手に持ち、右手(利き手)で尺取虫を持ちます。リールに巻いてある道糸を竿と糸の長さ以上に伸ばしておきます。

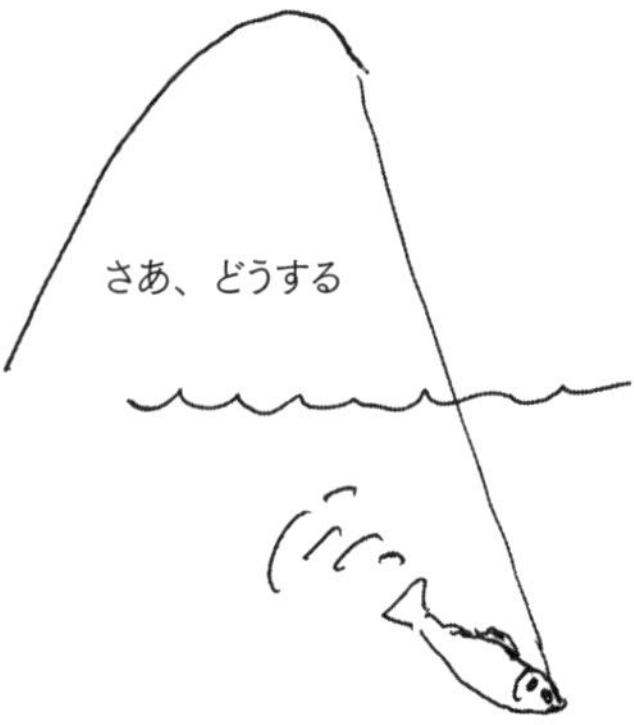

❷イワナが暴れないころを見計らい、尺取虫を大きな輪を上にして竿の根元から差し込みます。

❸竿の根元につけた尺取虫を竿の先に一気に送り込みます。尺取虫が完全に竿先を過ぎて糸まで届くようにしてください。糸まで届いた尺取虫はスルスルと大イワナに向かうので、糸を張りつめておきます。尺取虫がイワナをとらえたら、道糸を引いて網の中のイワナをゲットします。

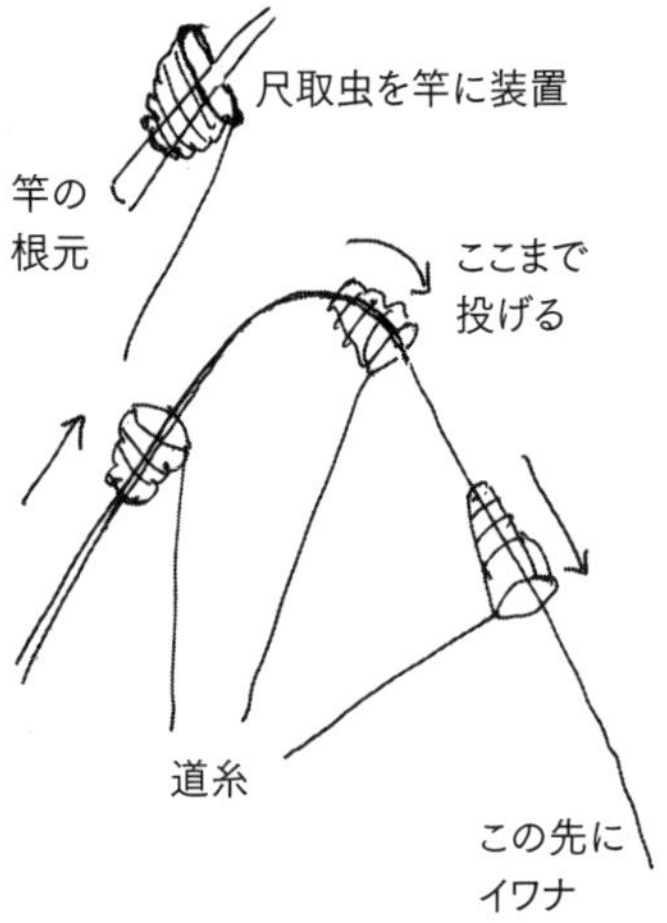

善兵衛がデジタルでどじってる

デジタルだぞ。わしなんぞ、デジタルと聞くとベジタブルのほうが頭に浮かぶ年ごろじゃ。

さて、昨年、ヨーロッパとやらに行ったとき、初めてパーソナルコンピューターなるもの（後はPCと書くぞ）を持って行き、善兵衛旅日記などをしたため、有頂天になっておった。

それ以降、デジタル化の波がわしにも押し寄せた。この波に乗り遅れたらいかんなという気持ちは、初めて波に乗るサーファーのようなものじゃのう。世の中に乗り遅れまいという気持ちが、この年になっても心の片隅にあったのは、チョと恥ずかしいわい。

しかし、うまく波に乗れたら格好いいというものじゃろ。しかし、波にも善し悪しがあるんじゃよ。


昨年の暮れ、喜寿を迎え、娘どもが「お祝いは何がいいの？」と言ってくれた。やはり、それはうれしいものじゃのう。

これまでも、毎年の誕生日には、なにかお祝いをもらっておった。たいていは、わしも相手の懐を考えて「テニスウェアかな」なんて言っていたが、最近のウェアは丈夫で、擦り切れることもないからのう。わしのテニスウェアは、全部、娘たちからの贈り物になってしもうた。わしが買っておったのは木綿のウェアじゃからよく分かる。もう木綿のシャツはなくなってしもうたが、娘のプレゼントは、五年分くらいはたまったかのう。

ただ、ウェアは白くなきゃいかん、最近のウェアは丈夫じゃから、長い間使っていると黒ずみがちじゃ。黒ずんできたら白くするにはどうするか、奥さんにお任せ、では分かるまい。わしは知っとるぞ(実はワイフから聞いたのじゃが)。普段見慣れたハイターじゃよ。知っとるか。

ハイターで汚れ白ずじゃ。いまは社名は新しくなっておるが、われわれの年代であれば皆知っているメーカーじゃよ。「××で真っ白に」なんて言っちょるけど、昔、花王石鹸できれいに洗って出てくる白い顔の美人を、わしは思い出すぞ。いまは、これがシャツを白くする必需品じゃ。横道にそれてしもうたな。

今度は何といっても喜寿じゃから、娘どももなにか覚悟しておる雰囲気が読みとれた。実は、前から「お祝いは?」と聞かれたら、これにしようと決めていたものがある。

それは、デジタルカメラじゃ。

デジタルカメラについては、すべての友だちに「わしは、フィルムカメラじゃー」と言ってきた手前、わしが買うわけにはいかぬ。デジタルカメラを使うには、口実が必要だったところじゃった。

「そうだな、パパもそろそろデジカメ使いたいなあー」とおねだりしたのが本当の話じゃ。友だちには「娘がくれたので、やむなく使うことにした」と言えばよいのじゃ。

わしは日ごろ「写真はフィルムじゃ」「フィルムは化学反応じゃから、分子が最小単位で丸い。デジタルカメラの映像の最小単位は画素じゃから、スクエアじゃ。丸と四角で結果は違うのじゃよ」と言ってきた。

とある著名な建築写真家にこの話をしたが、あながち間違いではないらしい。わしなりに考えるには、丸と四角の形以外にその寸法の話もある。

分子はオングストロームの世界じゃ。分子は大体一Å（オングストローム）くらいじゃから、直径は一センチのマイナス八乗じゃ。一方、画素のほうは、例えば八〇〇万画素といったら、一平方インチ当たりの画素数じゃから、計算すると一辺は一センチのマイナス六乗、すなわち二ケタ違うのじゃ。

もちろん、カメラの性能抜きの話じゃから、普通のカメラではこんな話は無意味じゃが、これを根拠に、これまで馬鹿にされながらも、フィルムにこだわってきたのじゃ。ところが、問題が発生しおった（善明注：爺さんはこう言っているが、フィルムの話は実はそんな簡単なことでもない）。

印刷がデジタル化しおったし、ＰＣでフィルム写真を添付するにもスキャンしなければならぬ。

こうなると、フィルム写真は生でそのまま見てもらうしかないのじゃ。実に不便、不愉快なのじゃ。

世の中がデジタル化してデジタル写真が飛び交っているなか、現物を見せないと写真の自慢ができぬのには、困ってしまう。「犬のおまわりさん、困ってしまって、ワンワンワワーン」じゃよ。わしも年かのう。アナログニズムちゅうのかな、世の中に取り残されてきたような気分じゃよ（善兵衛注：「犬のおまわりさん」のフレーズは、娘が子どもを抱いているときに歌うフレーズで、わしの耳が慣れておって無意識に出てくるのじゃ）。

ちゅうわけで、キヤノンのピッカピカの世界最軽量デジタル一眼レフカメラが手元に届いたぞ。当たり前の話じゃが、デジタルカメラは便利なところもある。カメラの中にゴミ箱があるからな。しかし、シャッターを押す緊張感がなくなったのう。これ一枚という緊張感がなくなった。わしはテニスをやっておる。ここぞっというショットは一発なのよ。印刷をしてみたが、心なしか寂しい出来栄えじゃよ。

が、しかし、それよりも、また新しい問題が発生しおった。写真をPCに取り込み、それをメールで送るのが爺には厄介だったぞ。娘に聞くと怒られる。

「この前に教えたでしょ」「いまは忙しくてダメ」と言われ続けると、わしも怒った。怒り心頭じゃ。

「グッツ（言葉に詰まった）」「バカタレ」「ワカッタ」「お前には一生教えてもらわぬ！　#$%&X¢、コンチキショウ」

これだけ怒鳴ったら、あとがないのう。自分で退路を断ってしもうた。あとの祭りじゃ。神にもすがる思いで、教えてくれそうなところをネットで調べた。

よいところが近所にあった。わしの住んでいる地域の「ふれあいセンター」じゃ。電話をすると、エキスパートが分からないところを個人的に教えてくれるそうじゃ。娘と違ってありがたいと思ったぞ。

「どのようなことを習いたいのですか？」と聞かれた。

「パソコンで写真入りの文書をつくりたいのですが……」。娘に頼むような口ぶりになってしもうたわ。

約束の時間に行ったら、お年寄りの男性が出てきたのには、がっかりしたわい。ここはふれあいセンターじゃから、わしのＰＣをはさんで女の先生が手取り足取りの、ふれあい関係になるのかなと思ったからのう。

しかし、この爺さん先生、けっこう親切じゃったからよかった。目的を達したぞ。これでメールで写真を送ってくる奴らから、馬鹿にされずに済むのう。

ところが、最近新しい問題が発生した。今度は携帯電話じゃ。モバイルちゅう奴じゃ。わしはガラケーはとっくに卒業しておるから、この年ではけっこう先におるほうじゃが、この世界の進歩ちゅうのには「困ってしまって、ワワンノワワンじゃ」

先日、手先が滑って落として以来、モバイルの調子が悪くなった。よく説明がつかぬが調子が悪いのじゃよ。ホレ、奥方が不機嫌なときがあるじゃろ。そんな感じじゃ。

電話会社のショップに行ったぞ。もちろん娘どもには相談ができぬ。またカミナリだからな。番号札をくれた。「初歩的なことで、なにせ年なものですから……」と下手《したて》に出た。なにせ何も分からぬからな。

カウンターに通された。黒縁のメガネの、いまはやりの横長の奴をかけている若い子が座っておった。不安な感じじゃったが、すぐ的中した。

わしは「……してよろしいですか?」に弱いんじゃ。

「お客さまのお電話をお見せいただいてよろしいですか?」と来た。

「バカたれ、電話を見せるために持ってきたのじゃ」とは言わなんだ。ごっくりつばを飲んでな。「どうぞ」と言ったつもりが、のどがかすれてしまってな。「ドーソ」語尾が薄れた。相手は変な顔をしおったぞ。「バカにしたな」とは、ぐっとこらえて言わなんだ。

「アルバムに入っている写真が見えなくなりまして……」と相手の顔を見て、言った。「バッテリーが弱くなっているからでしょう」

わし「ムムム、ショップの新しいバッテリーで試してみてくれませんか？」

若い女「うちのバッテリーも皆使っているので、弱いものばかりしかないいんですよ」と言ってのける。

わし「ムムム、なぜ充電済みがないのじゃ」。わし、続けて「これはバッテリーとは関係ないいんじゃないですか」

若い女「そうですね、SDカードですね。SDカードはチョメチョメ会社の製品です。会社に電話してください。バッテリーは新しいのに取り換えるとすれば、あなたの家に近いショップは……駅前支店にお取り寄せをしましょうか？」

SMカードと言いかけて、わしはおもむろに立ち上がって「帰ってよろしいですか」と言ってやったぞ。

相手はカエルの面に小便じゃったのう。

考えを変えて、わしはその足で有楽町の電気製品専門店に行った。そこで電話会社の店で話したことを話した。

対応したのは若い女の子で、やはり黒い眼鏡をしておった。が、しかしじゃ、態度が違ったぞ。

商売気があったし、言うこともわしにはよく分かった。

「お店の電話機で調べたらSDカードは正常です」「お客さまの電話機の具合いが悪いようです」「電話会社のショップでは……ムニャムニャ」。言うのをやめた。

「いまキャンペーン中です。あたらしいモデルにタダでお取り替えできますし、電話料金もお安くなりますよ」と言って「ニッコリ」じゃアー。

わしは、これは裏になにかあるぞと思い、いろいろ質問したが、相手は「……してよろしいですか？」とは言わぬぞ。「替えたほうがよろしいですよ」と、わしの目を見て言いやがる。わしは狐につままれたようじゃった。


家に帰って新品の電話機を取り出すと、「ブルルン」と震えたぞ。

びっくりして、また落とすところじゃった。

スイッチも入れぬのに、画像が出てきおったワイ。羊みたいな画像が現れた。「ご用ですか」と言ったぞ。

わしは思わず「困ったのう」と呟いてしもうた。

と、羊が「何にお困りですか？」としゃべった。「グッグッ」。また言葉に詰まった。

と、羊「触ってください。ちょんでも、チョチョンでもいいのよ」

「横にスーも、長ーく押してもらってもいいわ」
ほんとに困ってしまって「ブルルン」。わしの震えがとまらぬぞ。

◇注
羊ではなく「執事」であった。正確には羊の執事じゃそうな。その後、会話を重ねたが、あるとき「お名前は何というの」と聞いたら、「名前を名乗るほどのものではありません」ときたぞ。けっこう生意気な羊じゃよ。

二〇一五年一二月二日

善兵衛　姿勢改善に励む

いつごろからじゃったかのう。妻と出かけるとき、よく玄関で「あなた、背中!」とポンと叩かれた。姿勢が悪かったのじゃ。

しかし、いまはどうじゃ。もう叩かれんわい。

「あなた、姿勢がよくなったわね」とはっきり言ってくれるぞ。「ウヒヒじゃ」

久しぶりに行ったパーティで、「やあやあ」と言ったりしていると、「善兵衛さん、お元気そうですね」とよく言われる。もっとも、こういうときは、ことさら姿勢をよくして立っているからじゃが。

いまから三年ほど前、親戚の集まりがあった。母の法事のときだったかもしれぬ。親戚に某整形外科病院の院長をしておる者がおって、その男から皆の前で「ヨッチャン（わしの子どものときの呼び名じゃ）、姿勢が悪い」と言われた。

これには参ったのう。一応、バリッと格好をつけていたのが、台無しになってしもうたし、一族郎党の前では、いささか自尊心が傷ついたというものじゃ。

追い打ちがかかった。

「姿勢が悪いと、当然、歩く姿勢が悪くなる。背中を丸くして歩くと、体の筋肉が弱まる。摺り足になって転ぶ。ゆくゆくは寝たきり老人というコースですよ。ヨッチャン」ときた。よろよろと歩くわしの姿が目に浮かんでしもうた。

妻もすかさず、「だから、いつも言っているでしょ」とダメ押しじゃヨ。

これには、こたえたのう。これがきっかけになって、善兵衛のジム通いが始まることになったのじゃ。


考えてみると、ジム通いのきっかけはいま一つあった。それは膝の痛みじゃ。これはここ数年のことであったが、右足の膝の内側が痛くなった。半月板損傷とか、そんなものではないと自分では分かっていたのだが、ともかく動かすと、痛みが走り不愉快じゃった。

そのころ、川に釣りに出かけ、足を滑らしたときはズキッときた。宿屋の階段の上り下りもままならなかったことを覚えておる。テニスをするときには、膝にサポーターを着けることにした。

大ごとにならぬうちにと思い、JテニスクラブのメンバーでI医者のIさんに「いい整形外科医いないかな?」と尋ねたら、すぐ紹介してくれた。家の近くの有名な大病院じゃ。彼もかつてこの病院に勤めていたのだ。

紹介されたS医師に会った。I先生の紹介だからていねいに診《み》てくれた。が、しかしじゃ、

「これは加齢によるものですから、治りません。痛ければ薬を差し上げます。しかし、靴の底につけるインナーソールが矯正に効果があるので、テニスシューズにつけるソールを作成する技師を紹介しましょう」

藁《わら》にもすがる思いで、技師のもとに走った。

「あなたのいるテニスクラブの某さんのソール、先日つくりましたよ。字は違うけど発音はわたしの姓と同じ方です」

「なーんだ、あいつか。あいつはデブで、それが原因じゃないかな」

「それはそうですが、でも、対処の仕方は同じですヨ」

「なるほど」。妙に納得じゃ。

「歩いてみてください」

歩き方をチェックされたが、何を見られているかは分からぬぞ。歩く姿で分かったのか、「足の内側の筋肉が衰えたための痛みでしょう」とおっしゃる。

筋肉は内側から衰えるようだ。

「それじゃ、内側の筋肉を鍛えればよくなるのですか？　そのトレーニングはこの病院でてき

るの？」「先生を通さないと、この話はできません」

ドーモ、病院というところは、リハビリはするけど、トレーニングはしないらしい。

そもそも西洋医学では、外科(surgery)と内科(internal medicine)の二つに分かれている。要は、病気を治すには、手術をするか薬を飲むかのどちらかという考えなのじゃ。

切る必要がなければ、薬じゃというわけで、多くの年寄りが薬漬けになる。背中を丸めて歩く老人が皆、薬を頼りにしていて、やがては寝たきり老人になっていく現実に怒りを感じた。

わしは考えた。動物には治癒能力があるじゃろ。風邪でも免疫力を強くすれば、薬を飲まなくても治る(ほんとうだぞ。わしはとうの昔からやっておる)。筋力が弱ったら、強くしろじゃ。

クスリは裏から見ればリスクなのじゃよ。

というわけで、スポーツジムでトレーナーにつくことを考えたのじゃ。

家に近い東京のウオーターフロント。

ここは昔、ハゼの産卵場であったところじゃが、いまは高層ビルが建

◈四つんばいのSの字

1　少し体を丸めた姿勢をつくる。
2　背中の真ん中をそらせる。
イメージでS字をつくる。
このとき肘が曲がりやすいので
肘をしっかり伸ばす。

ち並んでいる。羽田行きのモノレールが上空を走る一角、高層ビルにあるスポーツジムに通うことにした。家から歩いて約三〇分。

何といっても、背中を丸めず姿勢をよくして歩くのが最も大切なエクササイズじゃから、ちょうどよい距離じゃ、と考えた。

ちなみにこの三〇分、駅のコンコースを通過するときが道中のハイライトじゃよ。特に胸を張って姿勢をよく保ち、床の石の目地の上を一直線に、かかとから足を下ろして、ファッションモデルにでもなったつもりで歩くのじゃ。

皆、周りは勤め人じゃ。考えごとをしたり、メールをしながら下を向いて歩いておるから、一人、正面を向いて歩くとええ気持ちじゃよ。

◈片足直立のニーアップ

1. 自分なりのよい姿勢をつくる。
2. 足を上げるイメージではなく、胸から足を上げるイメージで。
3. 背中が丸まると安定しない。
4. 左右交互に行う。

パーソナルトレーナーは偶然じゃが、よい人物に遭遇した。三〇歳と若いにしては研究熱心。馬が合った。理論的な解説がよい。「膝の痛い人は、もともと膝が悪いのではなく、体の動かし方が悪くて、膝にしわ寄せがきている方が多くいます」「肩や腰の痛みも原因はその部分ではないことが多く、その原因を突き止めることが大切です」と言う。

この先生に会ったとき、最初にわしは言った。「一に姿勢を正しくしたい。二にこれを運動に生かしたい。わしはテニスプレーヤーじゃ。ゴルフもやるけど」

トレーナー「目的がはっきりしていますね。よく分かりました。わたしも年寄りの薬漬けには憤慨しています」「肩が丸まっていては体は回転しませんから、運動をするにはよい姿勢を保つことが基本です。では始めましょうか」

てな具合で、週一回一時間のトレーニングがスタートしたぞ。

しかし、あとで聞いたが、こんな年寄り爺さんを扱ったことはないそうじゃ。

「正しい姿勢ができるまでは、ジムにある機械は使わないでください。そのうち使い方を教えます」

週一回のジム通いはもう一年半が経過したが、トレーニングの大半は姿勢を正しくして下半身を鍛えることじゃった。姿勢が正しくないと、下半身のトレーニングはできないし、下半身のトレーニングをしなければ、姿勢もよくならないのじゃ。

◈壁の前のスクワット

1. 壁のすぐ近くに立つ。
2. そのままスクワット。
3. 顔が壁に触らないように努力する。

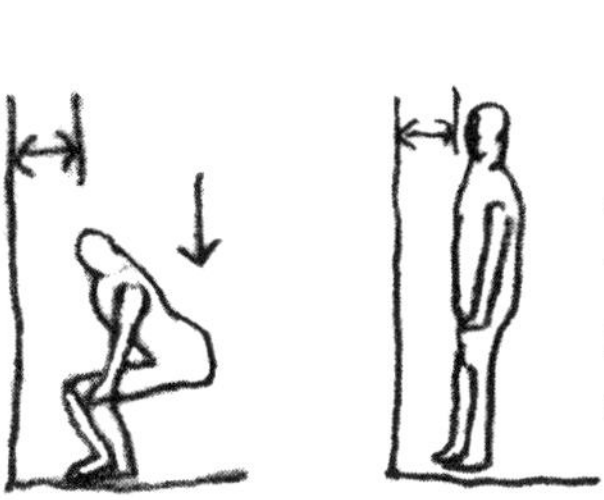

逆もまた真なり。

さかさのさかさはさかさなんじゃ（まさかなんて言わないで）。

ジムでのトレーニングは、そろそろマシンに移ろうと考えている。マシンの使い方も教わったし、もっとやるようにとも言われた。教えてもらった姿勢矯正のプログラムは、すべてスケッチして持っているから、家でできるようになった。

やはり、スクワット系のプログラムが多い。胸を張って姿勢をよくすると、胸に張りができる。胸に張りができると、腹が引っ込んでくるから不思議じゃのう。腹周りが締り、体形がよくなった。

八〇歳の記念写真は、裸体でいくぞ。

スクワットは日常生活に取り入れてできる。ソファーに座るとき、便器に座るとき、風呂場の低い椅子に座るとき……などじゃ。電車の席に座るときはスクワットだと思い、腰をゆっくり落として座り、ゆっくり立ち上がるときは前に立っている人に「失礼」と言ってから立ち上がっていたが、いまは前に立っている人に触れぬように立ち上がるようになったぞ。

真上にある網棚のバーと吊り革の間に頭を入れるように立ち上がるのじゃ。立っている人の目

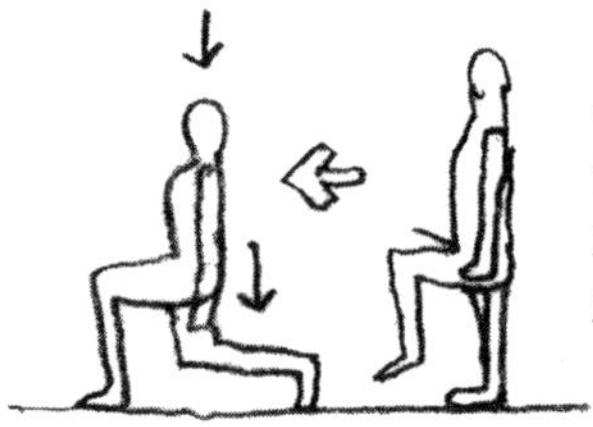

◈足を踏み出し体を沈める

1. 直立し胸を張る。

2. 片足を踏み出し腰を落とす。

3. 左右交互に繰り返す。

の前にわしの顔が現れるから、相手もびっくりするぞ。目があったらニッコリと笑うのじゃ。これは、面白いぞ。

プラットホームで電車を待つ間は、特に姿勢を正しくする習慣をつける。直立不動じゃ。これをやっていると、立ち止まったり、立って人と話すときに自然と姿勢がよくなるんじゃヨ。

最近、体の活動域を広げるには、両手両足を同時に使う運動がよさそうだと思い始めた。家におる生後六カ月の孫の動きが参考になる。赤ん坊は簡単に両手で両足をつかむし、両足の指をしゃぶるぞ。

さすがに、この真似はわしにはできぬが、両足の先を両手でつかみ、あれこれ体を動かすのじゃ。膝をつかない四つんばいもよいぞ。膝をついて四つんばいになり、背中をS字に反らせるのもよい。片足立ちで上体を左や右にふらふらさせたりするのも体幹を鍛える。

胸を反った状態で胡坐《あぐら》もよい。まあ、これは座禅じゃな。足を組み、姿勢を正して無心になると、「空」の境地が見えてくるというのは言い過ぎじゃろかのう。

この一年半で、二度ほど人間ドックを受診する機会があった。

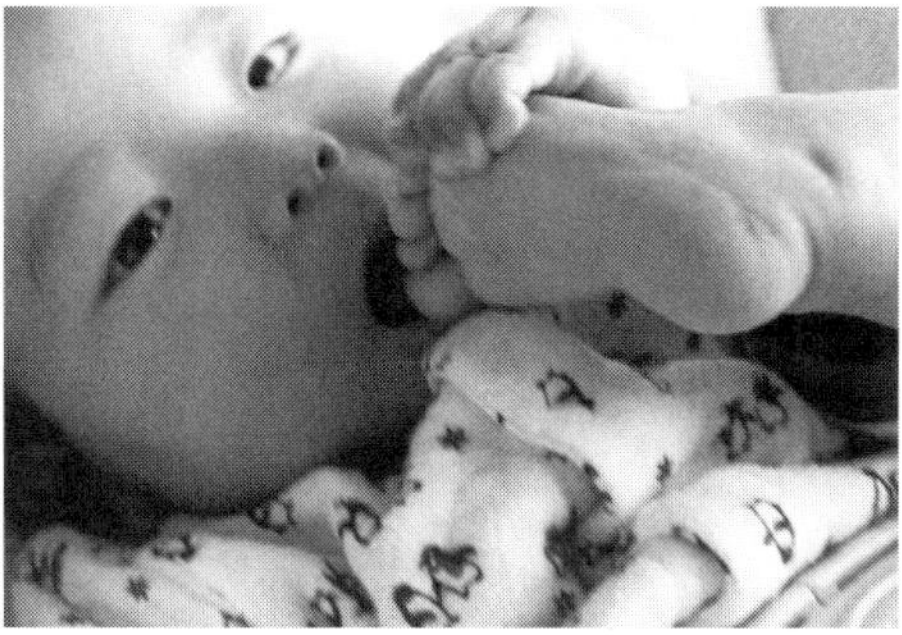

最初の年に、まずは九ミリ身長が高くなったー(別に成長したわけではない)。次の年は四ミリじゃ。合計一三ミリ。これが、わしの努力に対するご褒美というところじゃな——。

トレーナーは、あと三ミリくらいは伸びると言っている。これを楽しみにして、週一回は駅のコンコース経由でその先にあるジムまで姿勢よく、石の目地の上にかかとから足を置き、一直線に歩いて通っているぞ。

人間は考える足じゃから、歩くとええ気持ちになる。

一直線に歩く、その線上にはなにかよいことがあると思って、無心に歩くのじゃヨ。

しかしのう、耳元で悪魔のささやきが聞こえるぞ。

「爺さん、何もそんなに頑張らなくてもよいぞ。背中を丸めて歩くほうが楽じゃろ」とな。

油断すると、すぐに悪魔が忍び寄る。気がつくと、忍び込まれているときがある。ガラスに映る己が姿を見て「ヤラレタ」と気がつくこと、しばしばじゃよ。

二〇一六年二月一日

とかくこの世は棲みにくい

ことしは天気が不順じゃのう。ことしほどテニスができない日が多かった年は、記憶にないぞ。「物忘れじゃないかい」と冷やかすものもいるじゃろうが、手帳に書いてあるから間違いがないわい。

きょうが、その典型的な日和じゃよ。

前日も雨じゃったが、ゆうべの雨が祟《たた》って、皆とテニスをすることができなんだ。けさ目覚めて、まだ雨が降っているのを見てガックリしたぞ。

しかし、きょうのテニスに備えて十分寝たせいか、元気いっぱいじゃよ。体が疼くとは、このような状態をいうのじゃろうか……。もっとも、昔はもっと疼いたものじゃったのう。いまは、まあこの程度じゃ。

室内コートでプレーすることも考えたが、待ち時間が長く、気持ちが晴れぬ。

そうじゃ、そうじゃ、海釣りに出かけるべい。

天気予報では、午後は晴れと言っておるし、ネットで調べてみると、きょうは大潮、干潮は正午じゃから、午後は釣りに最高のコンディションじゃよ。午後の日を浴びて、ゆったりとした潮のうねりを見ながら釣をする己の姿を想像すると、もうたまらぬ。居ても立ってもおられぬわい。

実を言うと、一週間ほど前に行った磯がある。われわれ家族の夏の家の近くなのだが、このところ誰も行かず、カビが生えていても嫌だし、家の中の見回りに行きがてら、試し釣りをしたところじゃ。ここはわしの三浦半島での海釣りのお気に入りの場所みたいな磯じゃ。

調べると分かるが、荒崎公園という風光明媚な場所があり、その近くに「お仙の鼻」という名前のついている、ちょっとした岬がある。鼻というのは、まさに岬の小さいものをいう。お仙が可愛い鼻をしていたわけではないぞ。お仙という女性が身を投げたところじゃ。好いた男に振られたのやもしれぬ。

この鼻に行くには、自然にできた岩の割れ目を通って行く。まあ、秘密っぽいところじゃよ。割れ目の勾配は六〇度くらいだろうか。その割れ目に沿って斜めに登っていく。直登は無理じゃ。足を滑らせれば一〇メートル下の波の渦巻く底まで滑ってしまうこと請け合いじゃ。まあ、そこまで滑り落ちても死にはせんじゃろ、とたかをくくっておるが、いざ行くとなると足運びも慎重になる。

割れ目に沿って足を運ぶのじゃが、天井は高くない。背中を天井につけ、足を突っ張って体を支えて、這《は》いつくばった格好で落ちないように歩く。そうもしなければ、上には登れるけど下には降りられぬ。このとき、リュックは腹のほうに抱えるのがコツじゃ。一度リュックを背負ったまま登っていったら、リュックが緩《ゆる》く体が支えられず難儀したわい。

娘からは絶対行くな、と釘を刺されておるほどの難所じゃよ。この場所は釣り人用の地図で見つけたのじゃが、物好きな釣り人もたまにいる。場所は狭いから、釣りをするには二人か三人がせいぜいじゃ。先客がいれば行くわけにはいかぬ。

もう一〇年前になるじゃろうか、ある冬の早朝、車を飛ばしてこのお仙の鼻に行って釣り始めた。ところがじゃ、こともあろうにじゃ、漁港から出たワカメ採りの船が、わしが竿を出している目の前に止まり、ワカメを採り始めた。

わしは怒ったぞ。

「オメーは、わしの釣り、邪魔する気か」と気色ばんだ。

ワカメ採りの漁師は言った。

「お客さん(ほんとうはお客さんではない)、ここには魚はいねーぞ。もっと右のほうにメバルがいるで」

わしは、喧嘩腰じゃったから、何と言ってよいかドギマギじゃ。

だいたい漁師は初めての人にこんなに親切なことは言わぬものじゃ、

お仙の鼻への入り口

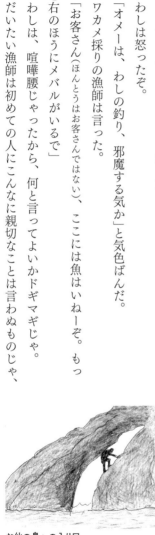

と思っていたから、どうしてよいか分からなかった、というのが本音じゃよ。

自尊心ちゅうのがあるから、すぐには言われたとおりに釣りはできぬ。船が遠ざかったのを見計らい、やや右手の、潮が岩に当たり、やや渦巻くあたりにウキを投げた。

最初からガツンという当たりがきた。胸が高鳴った。大きなメバルじゃった。漁師の言ったことはほんとうじゃった。それからというもの、ここによく来てメバルを釣ったのじゃ。

ワカメ採りの場所とは一〇メートルとは違っていまい。海の底がどうなっているかは分からぬが、ここがわしのお気に入りの場所となったのには、このような経緯があったわけじゃよ。


きょうの行き先は娘の手前、この鼻は遠慮して鼻の手前の磯にしたんじゃ。先週来たのもこの場所じゃ。

この磯に、沖に向けて山脈のようにずいっと出ている岩場がある。先は深く切り込んで海に沈み込み、波が打ちつけている。細くつながっている三浦半島特有の砂岩でできている岩場じゃから滑りにくいが、尾根を歩くようで歩きにくいこと夥《おびただ》しい。落ちたら海じゃから腰がひける。

いつも脇の防波堤では多くの釣り人が釣っているが、撒き餌をして海を汚している釣り人は、わしは好かぬ。

磯で防波堤に背を向けて海をのぞき込むと、なにやら潮の流れに沿って魚の影がある。先週はベラが多く釣れた。キュウセンと呼ばれるヨコシマ模様の色鮮やかなベラも釣れる。釣れたら引きは強烈じゃ。関西では高級魚じゃが、関東ではなぜか評判はよろしくない。味は淡白で美味である。

釣りをしていると、後ろの人の気配に「ぎくっ」として振り向いた。年配の男が立っていた。あれこれ詮索《せんさく》してくる。どうもこのあたりで育った漁師のようじゃった。聞くだけ聞いて質問すると反発する。土地の人特有の反応じゃ。

「ベラは美味しい魚ですね。南蛮漬けは美味しいですね」と言ったら、「わしらはこの魚で育ったようなものじゃ。教えてもらわんでもベラの旨いのは分かっとる」ときた。

素直な爺さんじゃないのう。

しつこいから、その日は釣りをやめて帰った。

きょうの海はよかった。暑くなし寒くなし。雨上がりの海は真上には雲があったものの、日差しが出て西は青空、伊豆の山々のシルエットが見え、その右手には雪を纏《まと》った霊峰富士が浮かび上がっておる。一幅の絵のようじゃった。

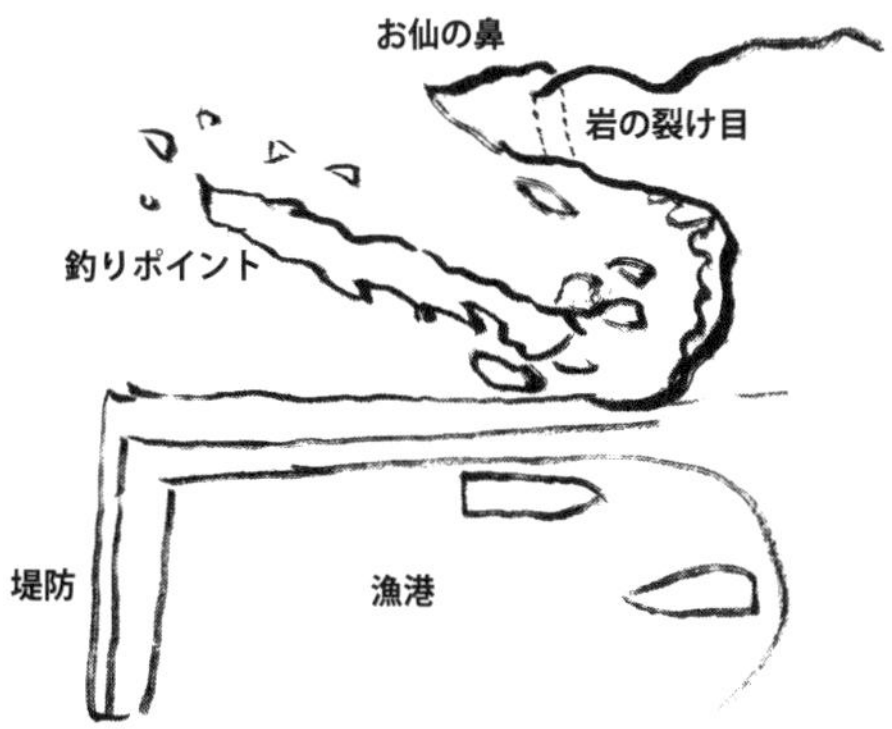

お仙の鼻あたりの岩場

海はおだやかで、ゆったりとわずかなうねりが沖から寄せておる。雲の切れ目から海に日が当たり、水面が、遠くにも近くにも、あちこちでキラキラと光っちょる。

釣りをしないで、磯に当たる波音を聞きながら、来し方行く末に思いを馳せているほうがよいとも思えるほどじゃった。じゃが、わしはダメじゃのう。目の前のことに気をとられる。ついつい現場の観察に入ってしまうのじゃよ。

夏に比べると、海はきれいで水底が見えるぞ。波が寄せる岩場には、来年春に採るヒジキがすでに芽をのぞかせているわい。ワカメの新芽も水底で揺らぎ、そのうねりにあわせて小魚が動く。見ていると、釣りたい気持ちがムラムラと湧いてくるから、わしも凡人じゃのう。

小さめのおもりをつけた渓流竿で、針にえさをつけて底に沈めてやると、すぐにベラ特有のアタリがある。「コッ・コッ・ギュー」じゃよ。

「コッ・コッ」で合わせると針を呑み込まれないが、えさを取られて空振りもする。「ギュー」まで待つと、針を呑み込まれることが多い。ここをうまくする塩梅がベラ釣りの醍醐味じゃ。ベラの引きは強いが、糸は太くしてあるのでイワナ釣りのように糸が切られる心配はない。

釣ることしばし、獲物もとれ、気分上々。

潮が満ち、足元に波が来るようになったので、引き上げることにしたが、先日の物言いたげなオヤジが、またいたぞ。

「足元があぶねーで」

わしが岩の上をおそるおそる歩く姿を見たからじゃろう。

「年も年じゃから、もっと平場で釣らねーと、あぶねーぞ。この間も、落ちて大怪我をしたのがおるぞ」

クソっと思って、「その方は年寄りですか？」とやや不満げに言うと、追い打ちがきた。

「人間、素直にならなきゃいかんな」

オメーの言うこと聞けってことか。

先週、年を聞かれたから、「昭和一二年生まれじゃ」と言ってしまったのが失敗じゃった。たぶん自分のほうが年寄りじゃと思っていたに違いない。こういうときには下手《したて》に出るに限るのう。

考えてみれば(考えなくとも)、わしも十分年寄りじゃ。海に落ちたら、ほんとうの年寄りの冷や水じゃよ。

漁港の防波堤で釣れば、「ここは釣り禁止だべ」と言われる。防波堤の釣り禁止の看板に地元の警察署の名前まで書いてあったから、一度

近所の派出所に電話したことがあるぞ。

「なぜ警察が釣り禁止の片棒を担ぐのじゃ。釣っている人を見たら、しょっ引く気があるのかよ」

派出所の警官「まあ、落ち着いて、落ち着いて。お願いだから、地元の人とはいざこざを起こさないでくださいよー」じゃって。

とかくこの世は棲《す》みにくい。わしは諦めぬぞ。陸が棲みにくければ、海から釣ればいいのじゃ。そーだ、シーカヤックじゃ。シーカヤックに乗って、ライフジャケット着て、人のいない海から釣れば誰からも文句は言われまい。

爺の夢は膨らむぞ。深みにはまるな、などとチャチャを入れるなよ。

二〇一六年一二月一日

年の暮れ

年をとると、年の暮れはなにか自分の年を重ね合わせるようになるのう。年の暮れの言葉の響きが変わってくるのじゃよ。

ついこの間、と言ってももう一カ月前になるかのう。釣り仲間四人で初めてのボート釣りに出かけた。このシーズン、渓流釣りは禁漁だから、海で気晴らしでもするかという気分じゃった。

何も釣れなくて散々じゃったが、なんとも自然体のババアというか、婆さんたちが話をしておったぞ。わしも、もう少し年をとったら、この婆さんたちのように穏やかになりたいのう。

「何歌ったの？」。どうも昨夜のカラオケの曲の話らしい。

葉山の先の、佐島にある「○○丸」という貸しボート屋に、何も釣れなかったわれわれが、足どりも重く戻ったときのことじゃよ。われわれが入ってきたので、婆さん二人の話はここで途切れた。

ガランとした土間に二人の婆さんがいたのだが、一人はくたびれた鉄パイプにビニールの座がついた古びた椅子に座り、これまた古びた木のテーブルに急須と茶碗を置いて、茶を飲んでいた。

もう一人は、何と木の長椅子に跨《また》がり(馬乗りになって)、右手にビニールでできた「ハエたたき」を持って、部屋の中を飛び回っている一匹のハエを叩き落とそうとしているのじゃ。

二人はこんな格好をして、世間話をしながら一日を過ごしているように思えたし、わしには、そもそも想像外の光景じゃよ。


「釣れたんかい？」

「いやー何も釣れなかった」

「最近は釣れねーな」と婆さんが二時間ほど前のボートに乗るときと同じことを言った。

「お茶でも飲みな」と、自分が飲んでいるお茶ではなく、缶に入ったお茶を出してくれた。はーん、お客には缶のお茶を出すんだと、妙に納得したのう。

「あとの二人はどうしたじゃ」

「なにか釣れたみたいで、まだ頑張っているけど、もうすぐ戻って来るじゃろ」

われわれがお茶を飲みながら、釣りの話を始めると、二人はまた話し始めた。なにか老人ホームの話をしていた。

そこに店の前を老人が通りかかった。山登り用のストックを二本持って早足で歩いて行った。

「港やの、ハッちゃんだ」

「弟さん、ほんとうの弟さん？」

「連れっ子じゃ。結婚しなおした」

「何人兄弟？」

「ハッちゃんはよく知ってんだけどよー」

「二人一緒に来ねーなと、思っていたんだ」

兄弟二人でカラオケによく来ていたようだ。

「ばーちゃんたちには、小学生の同級生とか近所の友だち、けっこういるじゃろ」と、わしは聞いてみた。

「いるだ。だけんど、会うのはいつも女同士、男同士だ」

「集まる場所も、男と女は違うだ」

そういえば、男はいつも漁港に集まっていて、青や黄色のビール瓶のケースを逆さまにして並べ、皆で座って話をしている。たしかに一緒にいる女は見たことないわい。皆で通りすがりの人を見ておる。

たぶん話題がないのじゃろ。

「たまには、男が集まっているところに遊びに行ってやるだ。だけど、男の数より女の数が少ないほうがいいだ」

「そのほうが話は面白くなるし、話がはずむだ」

「男が女の集まりには行かぬのか」

「男も来るだ。いっぺいは来ないぞ。男も少しがいいだ。男もそのほうがモテると分かってるだ」

「合コンは、せんのかのう」。わしは思い切って聞いてみた。

……佐島の婆さんには、「合コン」の意味が分からぬようじゃった。

聞いたわしもバツが悪くなったわい。ここの八〇過ぎの爺さん婆さんに、合コンはやはりないじゃろ。合コンには多少の色気が必要じゃからな。

照れ隠しにボートの二人に電話をしたりしていると、一人がボートから降りるとき頭から海に落ちて、ずぶ濡れだとか言っておる。こりゃ、たいへんだとか、なんだかんだ電話しているうちに、婆さんたちの話はもとに戻ったようじゃった。

「フサちゃんも、やってたなー」。リハビリのことかのう。

「フサちゃん死んじゃった」

「死ぬと、帰って来られんからなー」

「なー、不思議だなー」

「だけど、みんな死んでいっちゃいやだよ。みんな死なないでくれんかなー」

「病院は病気を治してくれないのう。病気を治すと、患者が減って困るんじゃよ、病院が。潰れちまうもんなー」

「こないだ、病院に行ったら、ああ、よくなりましたね、また来週来てくださいって言われたけど、どういうことかね。治ったけど来いってことかなー」


わしが言いたいのは、婆さんたちに悲壮感がないことじゃよ。片方が「死なないでー」と言っているのに、その脇で片方がハエを叩いているなんぞ、なかなかできるものではないし、こんな自然体は一朝一夕ではできぬぞ。

まあ、気楽に年をとることが大切じゃな。それには、気楽な年の暮れが大切じゃよ。

二〇一六年一二月二三日

落ち着いて座っていられない

四〇年ぶりにわが家のトイレが新しくなった。正確に言うと便器が新しくなった。便器は英語ではtoilet bowlという。そのものずばりの呼び名じゃ。

しかし、わが国の和風便器は、かつて「金隠し」とも呼んだな。女性が使っても金隠しだから、男尊女卑じゃ。しかし、わしの小さいころは、田舎のバーさんたちが路傍で中腰で用を足していたのを見たことがあるな。

最初見たときは子ども心ながら驚いたのう。しかし、あれが自然な形じゃよ。いまでもヨーロッパの便器には、便座のないものがある。中腰で用を足すことが文化国家フランスでもまだ続いているのじゃよ。

子どものころ、外側に青色で景色が描いてある金隠しを見たことがある。どこでの記憶かのう。いまはすべて白い陶器になってしまったし、都会では和風便器そのものもあまり見かけぬが、田舎に行けばなんぼでもある。年寄りには優しくないと手すりをつけているのがあるが、どうかのう。トイレの中でいちばん不潔な部分になるじゃろうな。あれは、触ってはいかんぞ。

いっそのこと、金隠しを年寄りに最もよいエクササイズツールとしたらどうじゃろ。スクワットの要領で便器の上にしゃがみこむのじゃよ。世界中に流行《はや》るかもしれんぞ。

「あなた、日本のキンカクシに手をつかないでしゃがめる？」「ええ、もちろんよ、練習してきたわ」

なんて、いま流行りの田舎を訪ねる訪日優良老人の間で、流行るかしれんのう。だが、急にこれはやらんほうがよい。金隠しに挑む前に、ますは洋風便器でスクワットの要領で座るのがよいじゃろ。金隠しは最上級者用じゃよ。失敗して、まかり間違えば糞まみれで大怪我じゃよ。

しかし、これをやれば寝たきり老人が減るな。日本の高齢者医療費も減るぞ。大小合わせれば、一日五回くらいはスクワットができる。年をとればとるほどトイレに行く回数が増えるから、合理的じゃのう。足腰を強くするのが長寿の秘ケツじゃよ。

何を話しているか分からなくなってしもうた。横道にそれたのう。

そうじゃ、わが家の新しい便器の話じゃ。

新しい便器は、ご存じ、自動温水洗浄装置付き便器という奴じゃ。

皆「善兵衛爺さん、やっと便器を新しくしたの」と思っておるじゃろ。

わしも分かっておる。わしは時代遅れじゃとな。しかし、時代遅れがなんじゃという気持ちもある。便利だからよいというものではないのじゃ、などと思ってこの一〇年を過ごし、周りを見たら皆、便器が新しくなっていることに気がついたのじゃよ。

いまごろ、シスタンクがついて、そこに水が溜まる様子が見られる便器を使っている者はおらんじゃろう。タンクの中には丸いウキが浮いていて、このウキが、給水によってある高さまで来ると給水が止まる。傍についているレバーを下げると、パカッと給水弁が上がり、水が便器に流れる仕組みじゃ。けっこううまくできておる。見ていると飽きないぞ。

マンションを購入したときから四〇年、壊れずによくもったものじゃよ。たぶん仕組みがシンプルだからじゃな。わが家の代物は国産品ではなく、アメリカンスタンダードの製品じゃから、当時はなにか時代を先取りしたような優越感に浸ったものじゃったがのう。

しかし、この世の中、怒涛のように自動化が進むのう。古くは自動炊飯器、全自動洗濯機、そして、カメラが全自動じゃ。カメラは自分の目でピントが合わなくなって、自動焦点に頼らざるを得なくなったたな。この次は車だ。もう自動車と名前がついているのに、またその上に全自動がつくと全自動自動車となるが、それでよいのかのう。

マニュアルで動くものが廃れるのがさびしいぞ。手足があるのに使わないのは、なにか変じゃないか。体が弱くなるぞ。

わしは、荷物を宅配便で送るというのにも抵抗を感じておる。手足を使って持って行けるじゃないかのう。マー、年寄りは仕方ないにしても、若者が荷物を送っちゃいかん。

そんな思いもあって、先日、スキーの荷物（板は別として）くらいは背負って行こうと、パタゴニアで九〇リットルの大きな、背負える黄色いバッグを買った。

東京駅の北陸新幹線のプラットホームをバッグを背負い胸を張り闊歩《かっぽ》した。振り返る人も多くおった。が、「なーに、あの変な年寄り」という目つきであったな。

しょせんは、年寄りの冷や水か。

そうじゃった、水の話じゃな。


自動温水洗浄装置付き便器というのは商品名でいうと、TOTOはウォシュレット。INAXはシャワートイレと呼んでいる。まー、よく、このような便器をつくったと思うが、日本のオリジナルではない。元はといえばアメリカで発明され、ウォッシュエアシートと呼んだようじゃよ。アメリカで発明されたころは、湯は出るけど火傷をしたようじゃ。関係者が尻から火を噴き、シリも積もれば山となるような苦難の果てに、このような見事なケツ作ができたのじゃよ。

さて、しかし、わが家の新兵器には戸惑いを感じておる。やはり、パソコンを使いこなせないのと同様、違和感があるのじゃよ。

昔は、というか、これまでは、トイレはある意味で安堵する空間であった。皆は便器に座って、「フッ」とため息を吐かなかったかのう。新聞を持ち込んだり。中には本棚があるトイレを見かけたこともある。

トイレでは全て自分のリズムで動き、逆にいえば自分のリズムを取り戻す空間でもあった。わしも朝、トイレでいろいろ考えごとをしていたころを思い出すぞ。

しかしじゃ、いまはどうじゃ。

便器に近づくと、「パカッ」と便器のふたが開く。わしは単純じゃから、「スーッ」とズボンを下げてしまうのじゃ、条件反射じゃな。

「パカッ」「スーッ」じゃよ。立って使わないおかげで、便器周りが清潔になった。しかし、「フッ」なんて言って、のほほんとしていられんのじゃ。

シリを洗うの、洗わないの、洗浄の種類だけで四種類ある。おしり洗浄、ビデ洗浄に加え、おしりソフト洗浄にワイドビデ洗浄。今度、全部お試ししてみようかのう。

洗浄方法だって三つある。大洗浄、もちろん、これは大のときじゃが、トリセツには「トイレットペーパー一〇メートルまで」と書いてある。小洗浄は「三メートルまで」、ECO洗浄は「ペーパーを流さないとき」とある。

人生八〇年も生きて、トイレットペーパーの一〇メートルの分量を考えて便器の設計をしている人がいることを初めて知ったのう。たいへんなことじゃ。わしは、ふん切れがよいから、多く使っても一メートルでエコ洗浄じゃよ。

それぞれ洗浄水量が変わるから、便器の中のコンピューターは大忙しじゃろう。そのためか、便器周りでピカピカ光るし、ウーとかブーンとか言うぞ。音を出しながら橙色や緑色に変わったり、青色がくるくる回る。匂いまでクンクン嗅いでいるようじゃよ。

明かりをつけないで暗いときは、これは気味が悪い。座っておられんぞ。トイレを出た後も、まだ光ったり、水が出たりしているから、一度、勇気を出して便器に顔をつけるようにして、まじまじと見てみた。

水の出方にしても芸がこまかいわい。便器が水道水から除菌水をつくって、それをミストにして便器内を清潔にするとか、数かぎりない工夫がある。照明だって、匂いがするときや、きれいにしているときのお知らせとか、なにか知らんが、ムード照明までついている。暇なときにゆっくり研究しないといかんな。

一度、夜半に扉の隙間から便器君が何をしているのか、そっとのぞき見してみた。なにやら、ジージー言いながら働いているのじゃよ。トイレの中は妖艶なブルーや緑の光が蠢《うごめ》いておるぞ。恐ろしいロボットというか、ＡＩの世界じゃったー。

まもなく便器の中から医者が出てきて、「お前は食いすぎだ」とか、「血糖値が高い」「ジージ、もうそろそろ寿命です」なんて言うぞ。

たしかに、ボタン一つでお湯でお尻を洗ってくれるのはきわめてありがたいが、トイレで座ってホッとしたり、便器をきれいに掃除したりした時代は終わったのう。ウン。

二〇一七年二月一五日

患者の戯言

テレビのスイッチを押すと、瀬戸内海の美しい海と島々の映像が映っておった。船を操縦する男の姿が映し出される。五〇代だろうか。島々の無医村を一人で巡る医者だ。なかなかエエ顔をしている男じゃよ。

彼は、午前中、村の診療所で患者を診《み》たあと、午後から船で島を巡ると言っておった。

わしは風邪気味で調子が悪く、病院に行って診察してもらおうと考えておったが、病院は家の近くで、時間があったもんじゃから、つい見入ってしもうたな。

強く印象に残ったことがあった。それは、この医者の言葉じゃった。

「わたしは、患者に接するときは五感で接します」

「だから疲れますよ」とも彼は言った。

彼が訪問する患者は、巡航船で診療所に来られぬ人たちだから、過半は寝たきり老人じゃ。

医者は久しぶりに患者と目を合わせたときから、顔の表情、体の動き、しゃべり方から、皮膚のハリ、匂いなどなにか変わったことがないか、全身で患者を受け止めるのだと言っておった。

実は、一週間前に長年患っている花粉症がひどくなってきて、耳鼻咽喉科で薬を処方してもらったのじゃが、今回はどうもおかしい。熱はあるし、咳がひどい。というわけで、再診をお願いしたわけじゃ。

「鼻の中も荒れていますし、風邪もひいていますね。咳がひどいようですから、抗生物質を出しましょうネ」

と抗生物質を処方された。

しかし、三日経っても熱は下がらず、二四時間ひどい咳が続くので不安になり、いたたまれずにまた病院へ行ったぞ。

今回は、あえて内科の診察をお願いしたが、まず耳鼻咽喉科へ行ったあと、内科に回された。インフルエンザの検査がある。

若い男性の医者「どうしましたか?」

わし「かくかくしかじか……」

その間、医者は耳鼻咽喉科のカルテを読んでおる。その後は簡単じゃった。

「血液中の酸素、うーん、低いですね」

思わず、わしも計器をのぞき込む。

「肺炎の可能性がありますから、すぐ肺のCTスキャンを撮りましょう」

結果はすぐ出た。

「肺のこの部分が白くなっているでしょう。肺炎です。家は近いから、入院はしなくともよいでしょう。抗生物質を三日分出します。水はちゃんと飲むように」

医者とはこれだけの会話でおしまいじゃった。なぜか分からぬが、なにか後ろ髪を引かれるような思いで家に向かったのう。

わが国の死因第三位の肺炎を宣告されたわりには、医者の態度が素っ気なかったので、わしの心には不安感が残っておったのじゃろう。


三日後、熱は平熱近くまで下がった。

医者から家に電話があり、肝機能の値が高いから、血液検査をするようにとの指示があったので、検査を済ませて医者に会った。今度は前回会った医者じゃ。ほっとしたぞ。

「熱は下がりましたか」

熱は下がっている。

「薬が効いています。もう普通の生活でいいでしょう。お酒はいけません。もう薬は出しません。肝臓のデータもだいぶよくなりました。緊急性はありませんから、様子を見ましょう」

そそくさと「では、これで」と、わしの顔を見た。

「ムムッ。もごもご……」

「では、これで」と言われて、わしは言葉に詰まったのじゃ。「では、お大事に」とか、「あと一週間はあまり動かぬように」とか言われると思ったからのう。高熱でうなされておったのは、一昨日のことじゃよ。

「普通の生活って言われたって、先生、急にそう言われても……」と言いかけてやめたのう。

この人たちは先日テレビで見たような、患者を相手に治療している医者ではなく、データを相手に医療をしている医者たちじゃないかと思えたからじゃ。

そういえば、あまり体に触れないし、見ているのは前の医者が書いたカルテと機器から出てきたデータじゃ。

データさえよくなれば、もうそれでお仕事は終わりなのかのう。医者が患者を癒したのは「今は昔」のことなのかのう。いっそのこと、医者たちがロボットだったら分かりやすい。納得もできるかもしらん。しかし、ロボットだって「くれぐれもお大事に」くらいは言うぞ。

しかし、これも現代の医療についていけない善兵衛爺さんの弁にすぎんようじゃなア。

じゃがじゃが、しかしじゃ、いまの薬の効果は絶大じゃ。これも爺がついていけないことの一つじゃよ。これまでのように「ヤヤッツ、薬が効いてきたかのう」なんてものじゃないわい。

抗生物質で熱が劇的に素早く下がる。まだ体の中ではブチブチと細胞が死んでいるようだし、脳みそが紙で包まれていて、思考が回らぬ感じなのにじゃ。「熱がとれました。治りました」と言われても困ってしまうぞ。

咳止め薬で咳と痰が出なくなる。胸も痛くない。喉の奥から咳と痰が出ていたのが、徐々に浅い咳になり、痰が出なくなるなんて手品みたいじゃ。

ここ数日間、咳のかけらも出ぬわい。肺で起きた戦いによる細菌や細胞の死骸は、いったいどこに行ったんじゃろうか。いままでは、治りかけでよく咳と痰が出たものじゃが。

わしの知覚できない体の奥で何が起こっているかは知る由もない。わしはあまり苦しまぬし、なにか細菌と薬の戦いの場を提供しているだけの感じがするのじゃよ。いっそのこと、戦争の様子を映像化してくれると分かりやすいのにのう。

いま、治ったと言われるわしと、治っていないわしが二人いるんじゃよ。どうも実感が伴わぬ。

くだくだ書いてしもうたが、だからといって、わしはテレビで見た医者を待つ老人になりたいわけではないぞ。ただ、わしの知覚できないことに対して不安を持ったということじゃ。強いて言えば、医者が患者の心を癒すことをしなくなっただけのようじゃ。これが現代医療というものなのかのう。

くだくだ言わずに「死に損なったが、結果オーライ、大成功！」と善兵衛が言えばいいってこっちゃ。結局は運か。運命とはよく言ったものじゃ。

◇注

後日、別の病院の医者が肝臓のデータを見て、「危なかったですね。もうすこしで集中治療室に入るところでしたネ。まあ、結果オーライでしたから、これ以上、数値が悪くならないように当分静養してください。汗の出るスポーツと酒はダメですヨ」。この宣告は、わしには死の宣告に近いが、また楽しい思いをするには仕方がないのうと思い、酒を飲める日を心待ちにしておる。

二〇一七年三月一六日

男と女・右と左

人生、長くやっておるが、いろいろ分からぬし、難しいことばかりじゃの。

わしの知っている男が、ある女性と再婚した。

わしじゃないぞ。

素晴らしい結婚式を挙げたあとのパーティの終わりで挨拶をしたのじゃが、なんと、「結婚をしたからには、すべて妻の言うことに従おうと思います。決して逆らいません」と並み居る招待者に向けて宣言した。

結婚式のあとに「なぜ、こんなことを言うの」というような雰囲気になってしもうたから、皆、騒然といっては大げさじゃが、ざわめいた。

皆、自分の妻とのことを思ったのじゃろう。

彼は再婚じゃったから、議論を何回しても負ける前妻との生活の反省か、自由気ままに過ごした結果の離婚の反省かなどと、わしは思っておったが、実はわしも自然と自分の妻との関係に思い巡らしてしもうた。

夫と妻を巡る話、男と女の間の話は聞き飽きるほどあるし、夫婦喧嘩は犬も食わぬというほどつまらぬ喧嘩も多い。じゃがしかし、世の中、相変わらずやっておるぞ。

そもそも遺伝学的にいえば、男性は女性より劣ってつくられているようじゃな。染色体って奴じゃ。二三対の染色体以外に男性はXY、女性はXXの二つの染色体を持っておる。遺伝学的にY染色体よりX染色体のほうが優れているために、どうも女性のほうが男性よりも優位にあると聞いたぞ。

じゃからといって男性が女性の言うままに、へいこらするというようにはならぬ。男のほうが優れているところも多くある。また、人にはキャラクターがあるし、相性というのもある。それが千差万別の男と女の人間模様をつくっておる。

面倒にも、恋は盲目なんてこともある。あれほど愛し合っていたのに……いまは離婚話。同居離婚なんてあるようじゃが、これはいい加減なところで妥協するのかのう。

なかなか複雑じゃのう。

ところがじゃよ、先日、テレビで男と女に関して実にためになることを聞いた。以下の話は受け売りだから、ご存じの方もあるじゃろうが、深夜番組だからあまり見た人は多くはあるまい。

山中湖に一人で出かけたとき、食事をしたがすることもなく、時間を持て余して早めに寝てしまったのじゃ。

夜半に目覚めてしまい、寝付かれぬままにテレビのスイッチを入れたら、面白い話をしておった。やや難しいのでメモを取っておいたというわけじゃよ。

テレビ番組によれば……

女性はネガティブ記憶が強いらしい。簡単にいえば、悪いこと、辛かったこと、嫌なことなどをよく覚えておるということじゃ。ネガティブ記憶は脳の扁桃体で感知され、海馬に蓄えられる。女性は左脳、男性は右脳の海馬に記憶される。ご存じ、左脳は論理的、右脳は感覚的じゃから、女性のネガティブ記憶は論理的に蓄えられるのじゃ。

一方、一夫多妻は人類始まって以来、約七六〇万年前からずっと続いていて、約一〇〇〇年くらい前に徐々に一夫一妻になっていった。わが国でも大奥は一夫多妻のシンボルじゃし、戸籍に妻を入籍させたのは明治時代じゃ。まだアラブの国では一夫多妻じゃ。フランスは奥さんのほかに恋人がいる者が多いが、これは一夫多妻の長い記憶があるからじゃろ。

さて、人間にはオキシトキンと呼ばれる愛情ホルモンと、テストステロンと呼ばれる戦士のホルモン(戦闘のホルモン)を分泌する。男女の間ではテストステロンが強いと不仲になる。

一夫多妻のころは、男性が戦士のホルモンを多く分泌し、女性が愛情のホルモンを多く分泌することでバランスをとっていた。男性は戦士のホルモンの強い奴が多くの女性を養い、女性は多くの愛情ホルモンを出して男に媚びたと思われる。

しかし、この長い年月の間に、女性同士のいざこざや、男がほかの女のところに行き、自分のところに来ないこととかが続くと、この不満、すなわちネガティブ記憶を蓄えるようになる。しかも左脳で蓄えるのじゃよ。女性はこれを何百万年もやってきておる。

一方、男は獲物をうんと持ち帰り、多くの妻や子どもに分け与えていたころはテストステロンでよかったが、一夫一妻制度の現在ではどうもこれではいかんようじゃよ。

皆、なにかあったときに奥方からボコボコにやられた記憶がないかのう。

女性は記憶を整然と左脳で蓄えているから、いざというときにこれが整然と出てくるぞ。

この話をわしの娘に話したら、「わたしたちは、ちゃんと引き出しに整理してしまってあるのよ。なにかあると引き出しが勝手に開くの、パパ知らないの？」だって。

男が右脳に詰まった記憶を出したところで太刀打ちできぬ。刀を振り回しても、鉄砲には勝てぬぞ。

じゃが、この仕組みは何百万年もの間の男と女の関係がつくり出した脳の仕組みじゃから、いわば女の防御本能で本人が意図的にしていることではないことは、わきまえておかねばならぬ。決して本人が悪いのではないのじゃ。古来から培われた女の本能じゃよ。

したがって、そのあと、女のほうがけろっとしていることが多い。男のほうが根に持ちやすいな。女は憎めないとはこのことじゃ。

男にできることは、あくる日、何気ないふりをしてご機嫌をとることじゃ。これを右脳で考えることが肝要じゃよ。左脳で考えてはいかんぞ。

そもそも左脳と右脳はそれぞれの役割がある。

『奇跡の脳』という本がある（ある脳科学博士が教えてくれた）。ジル・ボルト・テイラーというアメリカの脳科学者が脳卒中になり、再生するまでの八年間、脳の可能性と神秘を描いた実に面白い本じゃ。

この本によれば、

左脳は＝考える・男性的な心など、右脳は＝感じる・女性的な心などの活動を司るようじゃ。じゃからといって、男は左脳で生きていて、女は右脳で生きているわけではない。一人の人間が左脳と右脳のバランスをとりながら生きておるというわけじゃ。

しかし、慈愛に満ちている女性が突然、左脳の海馬からネガティブ記憶を引き出すこともあるから困るわけじゃ。

それはむずかしいが、許容範囲としてバランスをとって我慢しないと男は生きていけないのじゃよ。そもそも左脳と右脳のバランスがとれなくなると、ジキルとハイドのように二重人格者になったりする。それよりはましじゃよ。

極端な右脳状態は「うわの空」、極端な左脳状態は「分析的、批判的」。こんな左右の脳の個性を尊重した生き方ができればよいのじゃが。

坊さんとか牧師は、右脳と左脳をコントロールしておるのかのう？ なにか好き勝手にやっているように見えるが、実は達観するというのは、二つの脳をコントロールすることなのかもしれぬ。女を囲って、とぼけて説教するなんてやってみたいのう。

そこまでいかなくとも、わしのお袋なんぞは、晩年、都合が悪くなると「耳が遠くなって……」ととぼけていたわい。

皆の周りにも、とぼけてみたかと思うと突っ込んできたり、上手にやっている御仁がいるじゃろ。

しかし、いまから数千年後、一妻多夫の時代にはどうなるんじゃろうのう。

二〇一七年七月四日

千葉郡幕張町馬加

古くは江戸時代から伝わる地名かと思う者もいるじゃろうが、この地名の場所で、わしは小学校二年から結婚するまでの三〇年間も育った。

いまは幕張といえば、埋め立て地に新しくできた新都心のあるところで、幕張メッセなどで名が知れているが、いまから七〇年前は、かろうじて稲毛海岸とともに潮干狩りで知れていた場所じゃった。

東京からは省線電車で潮干狩りに行った。いまのＪＲは昔の国鉄、七〇年前はなぜか省線電車と呼ばれておった。鉄道省の省をとったのじゃ。当時、運転席のドアには「進駐軍の命により立ち入りを禁ず」と書いてあった。小学校一年のわしには、命は「いのち」としか読めなかったので、長いこと、この意味が理解できなかった。

駅には二つのプラットホームをつなぐ跨線橋《こせんきょう》があり、この階段や屋根を支えているフレームがレールを曲げてつくってあって、妙に感心した。いまでも古い駅にこのレールを使った柱があると、当時の幕張駅が思い出されるのう。

幕張には、戦争で東京が空襲されるようになり疎開してきた。家は体の弱かった兄のために別荘としてつくってあった。

なぜ幕張なのかは全く単純な話じゃ。省線を使って東京の家に来た行商のおばさんが、幕張から来たための縁だそうじゃ。

東京の家は神田神保町一丁目、駿河台下の三省堂から皇居に向かって一〇〇メートル余り行ったところじゃった。本屋とか紙倉庫が多かったのう。

わしはここでの三代目じゃから、れっきとした江戸っ子じゃよ。この家を開いたのは爺さんで、浮世絵の彫り師に弟子入りした。このことは書くと長くなるから、あらためて書くとする。

終戦の年の三月一〇日の夜、幕張の家の庭に掘られた防空壕から、東京大空襲で真っ赤に染まった西の空を見た。夜中だというのに東京は夕焼けのように真っ赤になった。


幕張の地名はわしが聞いたところによれば、源頼朝が幕張の地に立ち寄った際、馬を乗り換えた(馬を加えた)ので「馬加《まか》」となったといわれているようじゃ。また、馬加を「まくわり」と読んだともいわれるし、この地に幕を張ったから幕張じゃともいわれる。いわゆる源頼朝伝説の一つじゃな。

この話に当てはまるのか知らぬが、たまたま家の松の根元を掘ったら、でっかい馬の頭蓋骨が出てきたぞ。これには驚いた。どこの馬の骨かと言われたら、「源頼朝の骨でござりまする」と言うつもりで、しばらくこの頭蓋骨をとっておいたが、とっくの昔になくなった。この骨どうしたかのう。

「幕張町の馬加にいます」というと、「ヤーイ、幕張のバーカ」と野次られたことも度々じゃった。

ここまでは前書きじゃ。

昔から、この幕張で子ども時代に一緒に遊んだことがある人物についてずっと気になっておった。

それほど親しく一緒に遊んだわけではなかったが、作家の椎名誠が近所に住んでいたような気がするのじゃよ。

わしの記憶が正しければ、わしの家から三〇〇メートルくらい離れているところに彼の家があったはずじゃ。街並みも変わり、遠い昔のことじゃから、本人に会って聞かない限り確かめようもないのじゃが、家には門があって建物は奥まっていて、その門を入ったところでキャッチボールをしたような記憶がある。

当時の善兵衛

わしは昭和一九年ころ、六歳か七歳で疎開した。家の周りは一面の芋畑じゃった。芋を採ったあと、麦が植えられるまでの間、畑が野球場になった。畑には畝《うね》の跡があり、イレギュラーバウンドだらけ。でも楽しかった。掘り残しの芋を探して焼き芋をつくり、夕方暗くなるまで遊んだ。わしの料理の原点じゃ。

秋の夕方、焼き芋をつくる焚き火から出る紫の煙が野球場というか、芋畑というか、広い大地にずっと向こうまでたなびくのじゃ。当然、芋の香りも一緒じゃよ。

芋を食べると、皆怒っている母親の顔が浮かぶらしい。だれもが急いで家に帰った。

椎名少年はわしと七歳違いじゃから、わしが中学校に入ったころ出会ったとして、わしが一四歳、彼が七歳くらいじゃなかろうか。この年の差を考えるとキャッチボールの件はいささか心もとない。

最近、椎名誠の『家族のあしあと』という自伝小説が出たと日経新聞で見て、早速本を買った。読んでみると、やはり彼は幕張に住んでいた。しかも、いたずら小僧であったようじゃのう。

彼の家の西、わしの家の南(海側)に、鄙《ひな》には希な真っ白な木造の幕張バイブルバプテスト教会があった。いまもあるのかのう。

彼はこう書いている。「入れられた幼稚園が普通のところではなかった。幕張聖書《バイブル》バプテスト教会といういかめしい名前の教会が経営している幼稚園だった」

省線と京成線が並行して走る大踏切を海側から越えて三〇〇メートルも歩くと、この教会があるのじゃが、椎名誠はそこの幼稚園に通ったのじゃから、当時としてはハイカラ少年だったようだ。

教会の左脇に道がある。その脇を通ると、その先にわが家がある。教会の近くに高圧線が通っていて、海からの塩を含んだ強い南の風が吹くと、電線を止めてある碍子《がいし》がジージーと音を出し、夜になると青白い火花を出しているのが怖かったのを思い出す。

教会を通り過ぎると道は左右に分かれる。まっすぐ行けばわが家じゃが、右に行くと椎名少年の家じゃ。

教会の十字架に雷が落ち、そのショックでそばを歩いていた妹が、かわいそうに尻餅をつき、ドロンコになって泣きながら帰って来たことがあったのう。

このあたりは思い出がぎゅうぎゅうに詰まっておって、いまでも夢によく出てくるわい。

わが家は、椎名少年も覚えている通称「ボールド山」の一角にあった。彼は小説の中で「背の高い杉が生えていて」と書いているが、これは間違いで背の高い松が生えていた。当時は海岸沿いに松林が広がっておったのじゃ。杉なんか生えていないわい。

だから、わしはいま杉花粉症なんじゃよ。

だけど、なぜボールド山なのかはいまも分からぬ。

椎名少年は、わしにも勝るワルじゃよ。海の埋め立て用に使う土砂を運ぶトロッコに、休日密かに悪ガキ連と一緒に乗り込んで、土砂を降ろす海まで行ったなんて芸当はわしにもできぬことじゃ。

しかし、七歳の年の差は大きい。彼は海の家の「ちどり」「かもめ」「みなみ」「いそしぎ」という名前まで覚えていて細かく書いている。海の家はわしのころはなかったし、埋め立ての始まったときには、わしは海から卒業して高校生になっていた。あれだけ楽しみをくれた海が埋め立てられていくのが見るのも嫌になり、次第に海から遠ざかったことを記憶している。

わしが海で遊んだ当時は、東京湾は豊かな海じゃったのう。浅瀬には青海苔が漂っていて、それを、そっとどけると隠れていた何尾もの小魚がサッと逃げた。上から玉網《たもあみ》ですくえば一網打尽じゃよ。どれもきれいな魚じゃった。

小さなカレイなどは、黙っていても足の裏に潜り込んでくる。それを踏みつけてつかまえたものじゃ。イソギンチャクの周りに赤貝がいるとか、キスを釣るには海の中に脚立を立てて泳いでくる奴を見ながら釣り上げることを知った。カレイなどを持って帰ると婆さんが火鉢でおいしく焼いてくれたわい。

海にいて飽きることがなく、引き潮とともに海に入り、満ち潮とともに陸に戻ってきた。煙突など目印を定めて陸に向かわないと、とんでもないところに行ってしまうのじゃ。にわか雨が降ってくるときは、遠くから雨の塊が近づいて来るのがよく分かったものじゃ。雨は天然のシャワーじゃから、降ってくると体を洗った。雨はすぐ止む。止むと、また日が照るので、体を乾かしながら歩いて家に帰ったものじゃ。裸足でな。

『家族のあしあと』を読むと、さすが小説家、ほんとうかどうか知らぬが、よく当時の場所や友達、周りの人の名前が出てくる。

わしはなかなか出て来んぞ。

じゃがしかし、一人忘れられぬ名前がある。

クミちゃんじゃ。

女の子で同い年、わしの家のまだ先の道路のどん詰まりの垣根に囲まれた家に住んでいた。やはり家の周りには松が生えていたが、うちの周りの松よりは小さかった。門から入らないで松の木の間から入ると、クミちゃんのいる座敷の縁側の前に出た。

学校での思い出は、クラスが違ったせいかあまりないが、足は早く、運動神経抜群じゃったぞ。

わしの家は広い敷地の片隅に建っていたが、敷地の周りは松の木がぐるりと二列に植えられていた。学校から帰って来ると、毎日のようにその木を枝から枝に空中で渡り歩くのじゃ。まるで猿が二匹、木から木へ飛び移るようにじゃよ。

けっこう離れ業じゃが、クミちゃんが先に行く。わしも必死について行かねばならなかった。満月の夜、畑のなかにガラスのかけらがあちこち宝石のようにキラキラ輝いていて、それを二人で「アソコー」なんて言って駆けずり回り、拾い集めることもあったな。

クミちゃんは、わしの越して来る前から住んでいたので、いろいろ知っていて、先輩格で遊びにかけては頭が上がらず、悪い悪戯もやらされた。

家の周りにスイカ畑があり、大きなスイカがゴロゴロしていたのじゃが、あるとき、クミちゃんにそそのかされ、スイカを棒切れで叩いて割ることになった。

やってみると面白くて、結局ポコポコと全部割ってしまったのじゃが、それからがたいへんじゃった。スイカ畑の百姓が家に怒鳴り込んできたのじゃ。家では、こんなワルサをするのは善明しかいないということになり、すぐにつかまった。一日中、柱に結わえつけられてしもうたのう。

泣けど騒げど許してくれぬ。ここで、涙で上手なネズミの絵でもかければよかったのじゃが、雪舟のような才覚もなしじゃ。

しかし、婆さんが内緒で食べ物をくれたのう。当時はさつま芋くらいしかないが、ありがたかった。

しかし、このさつま芋で婆さんに怒られたことがある。まったくの誤解なのだが、日ごろの言動のせいか信じてもらえなかった。

話はこうじゃ。

ある夏の暑い日の午後、腹が減って、前の日に茹でてあったさつま芋を食べかけたが、いかにもまずい。庭の畑にポイと捨てた。まもなく新しくさつま芋が茹でられた。

一方、婆さんが畑に行って偶然わしの捨てた芋を見つけた。夏の暑い日であったから、冷たいさつま芋は温かくなっていた。

「誰が茹でたてのさつま芋を捨てたの」。それは「善明だ」ということになり、またワル者にされた。しかも、この容疑が晴れぬうちに婆さんが病気になった。いまにして思えば、脳梗塞じゃないかと思う。

せっかく看病するつもりで寝ているばあさんに近寄ったのに、うっかり足を踏んでしもうた。曰く、「やっぱりお前は悪だね」。そのあとすぐに死んでしもうたよ。

しかし、ひい爺さんはもっと悪だったらしい。善平という名前じゃ。

栃木の佐野での幼少期、珍しく母親に「大福を買ってきた」と言っては箱を差し出したそうじゃ。

「お前にしては珍しい」と母親はおお喜び。

箱を開けたら、箱のなかで青大将がとぐろを巻いていたという。

これを聞いた善平の父親は、当時はまだ武士、槍を持ち出し、押し入れの布団の中に隠れた善平爺さんを、ブスブスと突き刺したというから、この悪戯は命がけじゃったのう。

わしの「善」の字は、このワル爺さんの名前からとったそうじゃから、よくはならぬのは、運命としか考えられないのじゃよ。


大塚君という、小学校の校長の息子が同じクラスにいた。

気が合ってよく遊んだ。じゃがしかし、校長の奥さん、大塚君の母親というのが実によくできていた。

お宅に遊びに行くと、手ぬぐいでつくった袋を二枚ずつ渡された。海に行ってハマグリを獲って来いと言う。

「沖のほうにハマグリの養殖場があるわ。ホラ、旗が立っているでしょ。あそこよ」

「少し離れたところにいて、見張りが遠くに行き、潮が満ちて足首くらいに水がくるようになったら、養殖場に入って獲るのよ」

「手早く獲って袋に入れ、両方の足首にそれをしっかり巻きつけるの」

「少しすれば見張りが来るから、そのときはすぐに立ち上がるのよ。両手を挙げて何も持ってない格好をしなさい」

「そのあと、貝の入った袋を足につけたまま、ソロソロ岸に戻れば分からないからね」

ハマグリはジャラジャラあったし、あっという間に二つの袋はいっぱいになった。言われたとおり手早く足首に袋を巻きつけていると、案の定、見張りが近づいて来た。手振りであっちに行けという仕草をしている。あとは筋書きどおりじゃった。

遊んだあとのハマグリ入りのライスカレーはうまかった。

広い豊かな海とワルイ人たちに囲まれて、わしの幼年期は幸せじゃったのう。


クミちゃんにはその後の話がある。中学に入ると学校が違ってあまり会うこともなくなり、やがて高校生になり異性として意識し始めた。クミちゃんは毎日、家の前を通る。

高校生になると、ますます気になってくる。

大学に入る。ますますじゃ。

映画を観に行って手を握りたいとか、挙げ句の果てにはキスをしたいとか、妄想は膨らむばかりじゃよ。

そのうちクミちゃんは「はとガール」になった。はとガールは、はとバスの車掌じゃないわい。

当時の国鉄の東海道線の新しい夢の特急「はと」のスチュワーデスじゃ。大衆的にいえば、まあ憧れの存在じゃな。

そのあとは自然に疎遠になった。結婚したとも聞いた。

このくだりを書いて寝たら、夢にクミちゃんが出てきた。

クミちゃんはきれいじゃった。わしは思わずキスをしてしまったよ。待ちに待った初めてのキッスじゃよ。

柔らかな赤い唇じゃった。

その感触が消えないうちに目覚めた。われにかえって、「なぜ、あの唇」と自問したが、すぐ分かった。寝る前にテレビで北斎の番組を映していて、北斎の娘の描いた美人画を紹介していたのじゃ。その唇が出てきたわけじゃよ。

わしも単純な男じゃのう。

二〇一七年一〇月一〇日

Ⅳ 建築家の独り言

江戸時代の飯田橋（分間江戸大絵図・1859年 須原屋茂兵衛版）

初夢

わしは三〇年ぶりの白馬の山々の夢を見ておる。

「百馬力」と名乗ったまちづくりに熱心な若者たちが「白馬村の百年後を考える」シンポジウムを開催したのが、もういまから三〇年前のことじゃったのう。少し雪の量は少なくなったようには感じるが、白馬の山々は真っ白な輝きを放ち、昔と違いはないぞ。

が、違っているものがある。街の佇まいじゃよ。何じゃろなあ、街全体は昔と同じだが、雰囲気が違っておるわい。よく見ると屋根の色と壁の色が昔と違っておるな。

皆、似た色をしていて、街並みが揃っておるのじゃ。山の景色にも似合っておる。山麓の家々と呼ぶにふさわしいぞ。

もう少しよく見てみると、新しく建てられた家もあるにはあるが、昔の家が改修されておるほうが多い。それも同じ屋根の色と同じ壁の色になっておるので、新旧の区別がつきにくく、街並みが整った感じがするのじゃよ。

片流れの大きな壁の家も、下屋《げや》をつきだしたり、工夫をして街並みづくりに参加している。

ウーン、こんなことは皆が協力しないと、なかなかできるものではないがのう。

興奮して、思わず昔の百馬力の有力メンバーだったM君に電話してしもうた。久しぶりに会うことになった。

当時、若者だったM君が頭の毛も白髪混じりで、けっこうなおじさんじゃったヨ。笑ってはいかん、三〇年振りだからのう。わしもほんとうは生きていない年じゃから仕方ないのう。

いまは、まちづくりで活躍しているとのことじゃ。嬉しいことじゃ。

「景観法」に則り、白馬村の主要地区を景観計画区域に指定して、景観協議会に参加し、景観に関するルールづくりをしているそうじゃ。

八方と駅前は景観地区として、積極的に良好な景観の形成を図る地区にしたそうな。だからか、駅前が変わっておったのは。

建物の高さは変わっておらなかったが、駅も含めて温もりのある地元の木材が多く使われておった。

白馬連峰を目指す観光客を迎える仕組みができておるぞ。まずは、駅舎そのものが変わっておった。改札口は二階にあり、改札口を出た途端に白馬連峰が目に入るのがよいのう。

観光客も多くいた。駅前のバスも昔より多く、長野ばかりでなく糸魚川からの定期バスも来ていた。二階にはテラスのあるカフェがあり、混んでおった。

皆、太陽の光を浴びながら地図や案内書を手にして、山を楽しそうに見ておる。それぞれの旅行のプランを練っておるのじゃろうな。観光案内所もあるし、昔より活気があってよいのう。

ここからはデッキで国道を横断できる。デッキの先は、交差点にある建物につながっていて、そこから街へと進んで行けた。なんとこの建物からスキー場までのロープウェイが運行されている。

のんびり走る大糸線が脚光を浴び、乗降客が増えたという。北アルプスを望み、眺望の優れた大糸線が「北アルプスを見るゆっくり路線」として有名になり、展望列車まで走っていて、座席が山に向いている車両もあるようだ。富山から黒部を一回りして大町から糸魚川に抜けるルートが、関西からのお客に人気があるようじゃよ。

猛スピードで走るリニア新幹線ができると、急がない、ゆっくり旅が注目されたのじゃ。中央線も山々や歴史を感じさせる街々を見ながら走り、旅を楽しむ人たちには人気が出てきているようだ。たしかに、ゆっくり景色を見ながらの旅が、わしのように年をとってくるといちばん贅沢のような気がするぞ。

あちこち行ってみた。印象に残ったのはいくつかあった。一つは八方じゃ。もともと道路が狭く、ごちゃごちゃしたところではあったが、これがうまい具合に変わっておった。鎌倉とか東京の麻布とか、忘れ去られそうな古い街並みを逆手にとって、小ぎれいな建物に改修して商店街にしておる。

これをお手本にして、既存の家に手を入れたり新築の家を加えたりして、ローカル色を感じさせながらも、バーがあったりする。国際色もあり、グローバル、さしずめグローカルな街並みというところじゃろうか。

古そうで古くなく、ごちゃごちゃしているようで小ぎれいで、日本の街のよいところをギュッと凝縮しているところが、外国からの観光客に大受けのようじゃ。皆、COOLじゃと言っておる。

昔のように観光客は泊まったホテルの中にこもっているのではなく、街に繰り出す仕組みを村とホテル経営者が話し合ってつくったようじゃ。しかも、ミニバスが街の中を巡っており、いろいろな場所に行けるので観光客が一年中絶えないそうじゃよ。

冬には、このあたりのすべての道路が融雪されているのじゃから、たまげたぞ。小水力発電による電気を利用して、この熱をつくっているというのじゃよ。村には木流川をはじめ農業用水路がたくさんある。水量が一定しているところに目をつけたのじゃ。

川筋ごとに多くの発電機をつけて発電した電気は、用水路の底のケーブルで国道まで運ぶ。国道にはすでに地中化したケーブルが敷設してあるので、これに接続して村中に配電する仕組みにしたそうじゃ。

そういえば、三〇年前と違って国道には電柱はなかったわい。これも白馬村がエネルギーの地産地消で一躍有名になった理由じゃな。

観光客にフレンドリーな仕組みも多く見つけたぞ。白馬村固有の自然環境を再発見することにもなっているようじゃ。

休耕田がなくなって水が張られ、ビオトープになっておった。水質がよいので多くの動物や植物が見られる。都会からも子どもたちが多く訪れるようになった。自然環境の勉強には白馬村がいちばんという評判になっているようじゃ。

新しくできたインターナショナルスクールも白馬を国際的に有名にしたし、多くの人たちがこの学校のプログラムに魅力を感じて、集まってきているようだ。

コンクリートの用水路に頼らない水の流れも生まれ、ホタルも戻ったし、天然記念物のモリアオガエルも増えたと聞いた。

松川や平川にかかる橋は、いずれも白馬連峰の眺めがよいところじゃが、橋の外側に山に向けて広い展望用のデッキが張り出されているのも、よかったぞ。デッキには木の長椅子がずらっと置いてある。年寄りも若いカップルも仲よく座っておったよ。この椅子はロンドンのハイドパークにある椅子と同じようじゃよ。
椅子は皆、寄贈されたそうじゃ。椅子の背には寄贈者の名前が刻んである。これもハイドパーク流じゃ。わしの名前のついた椅子もあった。久しぶりで豊かな気持ちじゃよ。

と……
目が覚めたぞ。

二〇一七年一月二日

さざれ石

「君が代は　千代に八千代に　さざれ石の　巌となりて　苔のむすまで」

誰も知っているように「この世の中が、さざれ石が巌となって、その上に苔がむすまで末長く続きますように」という意味じゃが、今回は「君が代」を「この世」と訳すのか、「天皇の代」と訳すのかを問題にするのではなく、「さざれ石」についてじゃ。

さざれ石は「細石」とも書き、本来は小さな石を意味するのじゃが、長い時間のうちに小石の間を炭酸カルシウム(石灰分)などが埋めることによって、大きな石になったものをいう。

君が代に歌われておるからじゃろうが、多くの神社でさざれ石が祀られている。しめ縄を張られているその姿は、まあ、神の石といったところじゃな。

三浦半島あたりでは小石混じりの砂岩があるが、砂岩は見た目にはさざれ石に似ており、脆《もろ》い石で地質学的には興味を引くが、さざれ石のように崇《あが》める気持ちにはならぬ。さざれ石は実際見てみると不思議な石じゃよ。ほんとうのことを言うと、美しい石ではない。美しい石なら花崗岩や安山岩などいろいろある。

君が代をよく読んでみると、このさざれ石は、巌になる前の、細かい石、触れば小石がボロボロ剥がれるような状態の石じゃと読める。この柔らかい石がもっと硬くなって、小石混じりの大きな巌になり、その表面に苔がむしていくまで……長い長い間というわけじゃ。

日本の高温多雨の環境がなければ、苔も生えないことだし、石が壊れないで巌になるということは、穏やかなわが国の自然環境があることを意味しておる。さざれ石には、日本人のもつ自然に対する畏敬の念も隠されているようじゃ。

ところがじゃよ、神社でしめ縄を張られ、崇められている、そんじょソコラにあるはずがない、このさざれ石が渓流にけっこう転がっていたのには驚いた。

じゃがしかし、すぐにわしは自分の間違いに気がついた。たしかに立派なさざれ石なのじゃが、石に威厳がないのじゃよ。宝石でも本物と偽物があるじゃろ。あれじゃよ。さざれ石と思ったが、それは人工さざれ石、つまりコンクリートでできた石だったのじゃ。

コンクリートは小石と砂をセメントでつなぎ合わせてつくったもの。セメントは炭酸カルシウムでもとは石灰石じゃから、砂が余分ではあるが、形づくっているものはさ

さざれ石のようなコンクリート塊

ざれ石とほぼ変わりがない。しかし、さざれ石は何万年もかけてつくられるのじゃが、コンクリートは四週間でできる(固まる)。

この人工さざれ石は、わが国の典型的な河川改修工事によって生まれたものじゃ。どんな山奥に入っても川岸はコンクリートで固められ、流れはコンクリートの砂防ダムや堰堤《えんてい》で砂とともにせき止められる。

渓流沿いに山奥に入って、目の前に砂防ダムがそそり立つ姿を見るとドッキリするぞ。畏敬の念ではなく異形に対する驚きじゃのう。

しかし、大雨で川があふれると濁流に負けて、このコンクリート製の護岸や堰堤が壊れ、流されることがしばしばじゃ。このコンクリートの塊は流され砕け、石のようになって川に残されるのじゃ。

わが国の国歌では「さざれ石が巌になって苔のむすまで」とされているのに、現実は「さざれ石の苔が剥がれ、巌が砕け、石と砂利に戻って」しまうのじゃ。

コンクリートで川を固めるのは、なにか大きな間違いのような気がするのう。わが国は戦後、日本全土で河川のみならず、海岸線をコンクリートで固めてきた。この公共工事のおかげで建設業は全盛期を迎え、日本経済を牽引し、わが国は高度成長を実現した。

高度成長はよいことであるが、多くの識者が指摘しているように、結果として多くの欠陥を残した。

まずは景色が悪くなったのう。

テトラポッドに囲まれた海岸の景色は、日本では見慣れたものになったが、日本以外にはあまりない。

他の国では山から石を持ってきて、それをそのまま積む。このほうが安上がりじゃし、見た目も自然に近い。わが国では山から石を持ってきてそれをわざわざ砕くか、小石を運んできて砂とともにセメントで固め、テトラポッドをつくって積む。手間がかかるから、工事量が増えて会社は儲かるが、その金は国民の税金じゃぞ。

無駄なことに税金が使われ、海岸線が醜くなるのに国民は無頓着じゃ。安全安心のためならば何をやってもよいというものではないぞ。

海岸線がやせ細っていくために、テトラポッドでそれを防ぐわけだが、なぜ海岸がやせ細るのかは、川の上流で砂防ダムが砂を下流に流さないようにしたためじゃよ。しかも、この砂防ダムはコンクリートでできており、これが大水で壊れたときには川はさらなる護岸工事を行い、すっかり昔の自然の川ではなくなっている。

誰が考えても変な話じゃろ。

砂防ダムの効用はわしも聞いたことがあるが、なにがなんでも川をコンクリートで固めてしまうのはやめてほしい。
河川改修で川はだんだん直線的になる。川の石は取り除かれ、流れは速くなり、大水で下流が氾濫する原因にもなる。そこでまた、河川改修じゃよ。コンクリートで川を固めると、人は川に下りられなくなり、川に対する愛着を失う。川をきれいにする気持ちもなくなる。つまり川は下水になるのじゃよ。

渓流の中に残るコンクリートの塊は、たまには役に立つ。年をとると足腰が弱り、流れに下りるのが難儀じゃが、人工さざれ石は凸凹でつかみやすいのじゃよ。ときには鉄筋など飛び出していると、なおさら便利じゃな。
しかし、この石の近くで釣れたイワナの目には涙があふれているようじゃった。

二〇一七年七月二二日

アジアの屋根飾り

中国およびその周辺の国々を回って、伝統的木造建築の屋根飾りに興味を持った。わたしが興味を持った屋根飾りは、鴟尾《しび》や正背（大棟《おおむね》）の飾りではなく、垂背（降り棟《くだりむね》）に沿って並ぶ人や動物の飾りである。その理由は、鴟尾や大棟の飾りは日本の古建築にもあるが、降り棟に沿った飾りはついぞ見たことがないからだ。

韓国ソウルの昌徳宮の飾りは、わたしが見た最初の屋根飾りである［写真1、2］。屋根の先から、最初が仙人、あとは動物で最後は龍と推察できた。どのような動物がどのような順番で並ぶのか興味を持ったというわけである。

中国で生まれ、韓国にもありながら、日本に来ていないのはなぜなのだろう。職場にいる中国人に聞くと、屋根の上にある獣形の装飾は「吻獣《ふんじゅう》」と呼ぶらしい。沖縄のシーサーと同じく魔除けとして、中国を中心に広くアジアに多くある。龍が大棟や降り棟の端に多く使われているのは、上海の豫園でご覧になった方も多いはずである［写真3］。

吻獣の主な動物の種類などは、北方と南方で分かれている。

北の宮殿建築では仙人、龍、鳳凰、ライオン、馬、魚、猿などが一定の順序で並ぶことが多く、建築の大小や種類によって数に差がある。
また、南では吻獣の形式は非常に多彩である。龍、鳳凰なども多いが、伝説上の人物、例えば、三国志、西遊記の人物や、ときには草花の模様が多く引用されるが、草花の模様となると屋根飾りとしてのルーツが違うのだろう。

さて、わたしはこのくらいの知識しかないのだが、アジア各所で見る装飾の数々を見比べた。北京紫禁城の例は、当然ながら最も正統派の飾りと考えられる。最も多いものは九体の動物ということもあるようだが、馬に乗った人物(仙人)を先頭に動物が七匹だ。三匹目と六匹目は同じ動物のように見え、最後の大きな押さえは龍の頭である。動物は皆、座像で、違いは頭の形で判別するしかない。しかし、これを判別するのは至難の技である[**写真4**]。

普通は、先頭に霊馬に乗った仙人、最後に髭《ひげ》の龍がいる。その間に神獣(背獣または走獣と呼ばれる)が数体並び、この神獣の数は建築の格により違うようだ。

神獣は海馬、天馬、獅子、鳳、龍、猿、牛、魚……などだが、皆、座った形をして手足があり、同じ動物に見えるほど判別しにくい。

写真5も北京の例である。建物が小さいと飾りの数も減る。仙人がいて、その後に龍、鳳、獅

写真1

写真3

写真2

写真4

写真5

子、最後は翼のある天馬、そしてとどめの龍である。細工は精巧であるし、動物の順序はルールどおりで分かりやすい。

五年ほど前にモンゴルに行ったことがある。モンゴルの建築を見る旅行があって、建築のなさそうなモンゴルの建築とは面白い、どのような建築があるのか興味をそそられて参加した。モンゴルの人たちの大半を占める遊牧民は、ゲルと呼ばれるテントに暮らしているのだが、ウランバートルなど都会もある。多くの建築は戦後、ソ連の援助によって建設され、公共建築はソ連スタイルが多い。

彼らの宗教は大半がラマ教であり、多くのラマ教寺院がある。ラマ教の寺院は概して粗末だがカラフルである。

仏教寺院もある。こちらのつくりはしっかりしている。

わたしの訪れたウランバートル市内の仏教寺院はさすがに羊の国だけあって、棟飾りは太陽を仰ぎ見る二匹の羊が金色に輝いていた。棟は厚みがあって、花模様が施されている。両端には鴟尾が付く。わが国でもおなじみの、金の鯱鉾《しゃちほこ》のように内側を向いているのであるが、よく見ると外側を向いたもう一匹と合体している。両端の鴟尾は龍の子どもとも伝説上の魚ともいわれる［**写真6**］。

この立派な大棟に比べ、降り棟は短く反っているために寸詰まりである。この上に動物がのるが、先頭は仙人ではなく、丸い花の蕾のような装飾である。次は分からない。龍にしては小さすぎるし、鳥のように見えるが鳳には見えない。次は獅子だし、次はまた分からない。最後は龍のはずだが、髭はないし、鳥にも見える。そういえば、モンゴル相撲では勝った力士は鳥の舞をする［**写真7**］。

同じ市内のこの小さな寺院は、降り棟部分の装飾が不格好である。動物の頭か植物かは分からない。次はどう見ても鳥である。次は何だ。魚が反対を向いて逆立ちしていると考えたらよいのだろうか。鴟尾もそうだし、そもそも魚は跳ねるのだと考えてみれば不自然ではない。次はかなり写実的で犬。しかし龍である可能性もある。次は獅子、続いて馬に乗った仙人で、順番は北京と違っている。最後は龍というより形はインドネシアのガルーダに似ている［**写真8**］。

吻獣の形や順序が変わってくると、いろいろ考えさせられる。

馬に乗った人物は、仙人というより玄奘三蔵《げんじょうさんぞう》ではあるまいかと思いたくなる。そうならば、沙悟浄《さごじょう》は海豚《いるか》の変身だから一応、魚で納得できる。そうすると孫悟空《そんごくう》の猿と猪八戒《ちょはっかい》の猪がいればよいのだ。

興味が湧き、勝手に西遊記を想像してみたが、これは根も葉もないわけではないことが分かった。というのは、職場のある人が貴重な写真を持ってきたのだ[**写真9**]。蘇州の近くで撮ったというその写真は、なんと西遊記そのものが屋根の棟飾りになっている。写真をよく見ると、玄奘三蔵は馬から降りている。しかし、この玄奘三蔵が馬に乗ればどうか。まさにウランバートルの屋根飾りになるではないか。西遊記に海豚がいるのもおかしいという方がいるようだが、実は中国の湖や川には海豚が棲《す》んでいる。

上海や蘇州あたりになると、屋根の反りが大きくなるから、装飾が付きにくくなる。逆に棟が立派になり、棟飾りが堂々としたものになる。蘇州の建物の典型が**写真10**である。反った細い軒の先になにやら擬宝珠《ぎぼし》のようなものが付いている。欄干に付く擬宝珠は葱坊主《ねぎぼうず》の形の装飾だが、花だとすれば蓮の花なのだろうか。仙人が先頭になって動物が並ぶ北方型とは明らかに違う。判別のつかない動物が二匹続くが、間が抜けて投げやりに見える。

軒が反っているので二段になっていて、そのデザインに合わせて動物がいる。2段になった降り棟のつなぎ部分で、龍の頭に獅子がのっているように見えるのが面白い。龍には髭があるものと髭のないものがある。ないのは、あるいは長い年月の間に抜け落ちてしまったのかもしれない。一方、大棟の端には二対の龍が付いている。龍の子ともいわれていることはすでに書いた。な

写真6

写真7

写真8

写真9

にやら尻尾《しっぽ》の巻き方が気にかかる。多くの建物の棟には龍がからむので、顔つきや髭などの様子から判断して龍だと思われる。中には尾鰭《おひれ》がないから魚ではなかろうが、鯱鉾に似たものもあり、これが飛鳥時代に日本に渡り、名古屋城に代表される鯱鉾になるのだ。

ちなみに、鯱鉾は姿が魚で頭は虎、尾鰭は常に空を向き、背中に鋭いトゲを持っている想像上の動物ということになっている。口から水を吹き、火を止める守り神とされている。なぜ、ここで虎が出てくるのかも興味が湧く。

写真11は敦煌の西、嘉峪関の城郭の部分である。この地は万里の長城の西の果て、古代の軍事上の要地である。

ゴビ砂漠に近く、乾燥した大地が果てしなく続く中、スサと土を固めてつくった長城や狼煙台《のろしだい》がまだ残っている。砂嵐も珍しくないために建物はすべて砂漠と同じ色になる。城郭に囲まれたこの建築は、三層の屋根を持つ城郭建築である。屋根のつくり方など日本の城郭と比較するとよく似ている。明の時代につくられ、柱が朱色に塗られているなかなかの名城である。

ここにも吻獣が付いている。ここではいちばん立派なのは大棟の飾りで、両端に龍が付いている。多くの建築では龍の頭が大きく表現されているが、この龍は胴体が曲がりくねっている全身像である［**写真12**］。

写真10

写真12

写真13

写真11

大棟の中心にはお堂のような飾りがあり、それに向かって左右から獅子が並んでいる［写真13］。建物は入母屋《いりもや》造りであるが、降り棟の装飾はわずか小さな獅子が点々と置かれているに過ぎない。これ以上、中国で西に行かなかったのでなんともいえないが、ここらあたりが吻獣の西の限界であろうか。

南の限界は、だいたいどこにあるのだろうか。行った範囲ではインドネシア近辺ではなかろうか。やはり仏教寺院がないと吻獣も棲みにくかろう。

また、南に来ると屋根飾りが動物から植物に変わってくる。飾りは別のルーツになるのだろう。屋根瓦が使われなくなるから、焼き物の動物もつくられなくなる。

もっと南になると、瓦はスペイン瓦になったり、瓦の代わりにヤシの葉が使われたりする。

バリ島デンパサール空港のターミナルの屋根には申し訳ばかりのものが付いている。屋根瓦は褐色であるが、中国風の寄棟造り、そこになにやら吻獣の名残が付いている。これらはどう見ても植物の花か果実に見える。仙人がかくも変わるかと言いたい。この建築は最近つくられたものである。いったい何を模してこの形ができたのだろうか［写真14］。

写真15はハノイの伝統建築の屋根飾りである。建築には平瓦が使われている。たぶん植民地時

写真16

写真14

写真17

写真15

写真18

写真19

代のものであろう。この屋根のモルタル仕上げの降り棟に装飾物が付く。端部は龍でも魚でも鯱でもないようだ。降り棟は全体が一匹の蛇のように見える。かなり独自性が強い。

南では植民地時代に西洋瓦の影響を受けたため、アジア固有の屋根はなく、もはや吻獣たちはいない。平瓦やスペイン瓦で覆われるハノイの古い建築では、植民地時代の影響の色濃い屋根に植物の棟飾りが付くし［**写真16**］、インドネシアの伝統建築では、やはり降り棟に沿って盛んに草花の装飾が使われる。それは家の魔除けというよりは、若い女性の髪飾りにたとえるのがふさわしいだろう［**写真17**］。

しかし、それも全体から見ればわずかで、南国のシンプルな屋根には吻獣たちは取り付くしまもなくなるのである。

屋根は小さくなると、雨や日射しから身を守る機能だけとなり、ついには日除けの笠となる［**写真18**、**19**］。

二〇〇三年五月二二日

飯田橋交差点物語

飯田橋交差点近くに、ある建築設計事務所があった。建築に限らず、都市計画、土木など、幅広い分野で設計活動をしている事務所で、所員は毎日この交差点の歩道橋を利用していた。職業柄、誰もがこの歩道橋に不満を持っていた。

「階段の登り降りがつらい。歩道橋を使わずに、わざわざ遠くの横断歩道を使っているお年寄りもたくさんいるらしい」

「歩道橋は歩くと揺れて気持ちが悪い」

「床の色が悪い。手すりも何も色彩がめちゃくちゃだ」

「そもそも歩道橋は必要なのかしら。車椅子の人は使えないし」

「交差点そのものが悪いのでは」……などなど。

二〇××年×月

ある日、一人がつぶやいた。「歩道橋を考えよう。飯田橋交差点を魅力的にしよう」

その一言で、所員の何人かが立ち上がり、社内に〝飯田橋交差点を考える会〟と呼ばれるボランティアグループが結成された。
「どうしたら歩道橋がよくなるだろうか」「交差点を魅力的にしよう」「神田川も一緒に考えよう」「駅前も貧弱だ」「歩道橋が名物にならないだろうか」

それをまとめて考えようと、名案、迷案が出たが、現実を変えるのは、たやすいことではなかった。

一年間いろいろな人の話を聞いた挙げ句、まずは現状をよくしよう、次に現状を改めることを考えようということになった。現実案と理想案を考えようというわけだ。

現状をよくするには、何が悪いのか、どうして歩道橋はつくられたのか、それをどうすればよいのかを考えなければならない。

調査をした結果、改良すべき点が分かったが、アイディアを実行に移す難しさも改めて分かった。

交差点は千代田区、新宿区、文京区の三区にまたがっている。道路は国土交通省と東京都、歩道橋は、神田川は、街路樹は……、警察署やJR東日本、営団地下鉄、都営地下鉄にも相談しなければならない。知事にもお願いした。

やがて行政側にも変化が現れた。

折しも、観光産業の重要性が認識され始めてきた。現在の日本はGDPにおける建設産業と観光産業の占める割合が他の先進諸国と逆転しているが、今後、建設産業は他の先進諸国並みに縮小する方向にある。そこで、観光産業こそが雇用創出に役立ち、それによる経済効果を望むことができるので、早急に振興を図るべき二一世紀型産業だという声が政界、経済界でも大きくなってきた。街をきれいにすることは、観光を推し進めるうえで必要な投資だと考えることもできるのだ。

東京をきれいな街にすることの必要性が高まってきた。

二〇××年×月

飯田橋交差点が「交差点の景観を考えるモデル地区」に指定され、話が進んだ。歩道橋と交差点のいろいろな改良案が提案された。

歩道橋の色を変えよう。交通量の多い階段にエスカレーターをつけ、地下鉄の駅のエレベーターを改良して歩道橋につなげよう。歩道のガードレールを一部を除き撤去しよう。交差点周辺の看板、広告の色彩や大きさも規制すれば交差点の景観はすっきりし、街の魅力が増すだろうとまで話はまとまった。

しかし、解決できていない問題があった。それは、はたして歩道橋はほんとうに必要なのかということであった。実は〝飯田橋交差点を考える会〟のメンバーたちも、この点についてはかねがね疑問に思っていた。

というのは、歩道橋がつくられた当時、飯田橋交差点は交通渋滞で有名なところであり、新しい歩道橋の建設は歩行者にとって福音であった。ところがいま、飯田橋交差点の交通渋滞は目に見えて減っている。それに、高齢者や体の不自由な人たちにとっては、歩道橋にエレベーターやエスカレーターがついていたとしても、できればないほうがよい。

メンバーは手分けして、飯田橋交差点をはじめ都心の歩道橋の利用状況と、車の交通量からみた必要性を調査した。

その結果、多くの歩道橋は歩行者に敬遠されていて、すこし遠回りしても近くの横断歩道を利用していることが分かった。また、歩道橋の位置に横断歩道があれば、現状の信号待ちの時間のうちに歩行者は安全に交差点を渡れることも確認できた。現在の交通量を前提に考えると、飯田橋の交差点も多少の工夫さえすれば、歩道橋は必要ないという結論に達したのである。

この調査結果は多くの人たちを喜ばせた。最も喜んだのは、交差点近くの都立文京盲学校に通う生徒と学校関係者たちであった。付近に住む高齢者からも歩道橋を廃止してほしいという意見が寄せられて、町会ぐるみで歩道橋廃止運動が始まった。

やがて、この問題は住民運動に発展し、東京都に陳情がなされた。その趣旨は高齢化社会を迎え、歩行者優先のまちづくりが必要だというものであった。陳情には、都心に入る車の総量規制をして、歩道橋を極力廃止する、歩道橋を残さざるを得ない場合は周辺の建築に直接つなげてビル内に専用エレベーターやエスカレーターをつけたらどうか、その場合、ビルには税制や容積上の特典を与えてはどうか、という提案まで含まれていた。

そして、全国に先駆けて飯田橋歩道橋は廃止されることになった。かつてよしとされてつくられた歩道橋を廃止することは国土交通省や都内部で大きな議論を呼んだが、関係者の大英断で実施されたのであった。

二〇××年×月

飯田橋交差点の歩道橋は撤去された。撤去工事は深夜行われたが、最終日にはテレビで大きく取り上げられ、全国の都市に大きなインパクトを与えた。その結果、多くの街で何千という歩道橋が廃止され、歩行者優先のルールも見直されることとなった。

高度経済成長の時代とともにつくられた歩道橋が、高年齢社会に入り、半世紀ぶりに見直されたのである。都心居住が進み、高齢者が都心に戻ってきたことも強く影響したといえるだろう。

歩行者の安全のために、加えて、増えてきた自転車との共存を図るために、車の総量規制が考えられ、街の幹線道路に通過交通がなくなるように、流入規制やバイパスづくりが促進された。東京圏でも圏央道や外環道などの環状線の整備がおこなわれたことは言うまでもない。

歩道橋がなくなるとともに、飯田橋交差点の風景が一変した。歩道橋が良くも悪くも飯田橋交差点の景観をつくっていたのだった。

神田川が身近に感じられるようになった。隅田川をはじめ、都内の河川は下水道の普及とともに急速に清浄化が進み、道路から川をのぞくと、多くの魚や水鳥などの生き物が見られ、橋の上に立ち止まって魚を眺める人たちが増えている。

折しも、都市再生の一環として水や緑を復活させる動きが強まり、神田川が注目されるようになった。

まず、御茶ノ水から水道橋の神田川沿いの緑地が大規模な親水公園に改修された。地下鉄丸ノ内線の御茶ノ水駅からはこの親水公園に直接出られるようになった。飯田橋からこの親水公園まで散策路ができないか、という話も持ち上がった。

この話をきっかけに、日本橋から日本橋川を遡り神田川へ、そして飯田橋からは神田川から隅田川を経由して日本橋に戻る、ラウンドトリップの水上バスが運航されることになり、多くの観光客で賑わうことになった。

神田川、日本橋川を再生するためのシンポジウムも多く開催された。シンポジウムでは、江戸時代、神楽坂近くにつくられた神田川の船着場、揚場《あげば》が一九七二年の駅前再開発で埋め立てられてしまったことを反省する声が上がった。飯田橋駅前の濠《ほり》を埋めて高層ビルを建設したことについては、当時反対した人たちがいた。この人たちは「歴史的遺産である濠を埋めるのが再開発なのか」と主張していた。

江戸時代には、海を経てここまで全国各地から運ばれていた食材や木材など多くのものがこの岸で荷揚げされたため、このあたりは揚場と呼ばれていたのだ。

戦後、東京では高度成長とともに水の都、江戸の名残をとどめる多くの掘割が埋め立てられ、高速道路が建設されたり、道路になったり、公園になったりしたが、いまや都市環境が大切だという論理が優先される時代になった。

都市のヒートアイランド現象を抑えるには、水や緑を増やすことが大切であり、水や緑こそ、都市のオアシスとして大切なのだという意識が市民レベルまで浸透した。すでに建物の屋上緑化が進められ、雨水の利用が図られるようになっているのである。

このような流れの中で、神田川が見直されたのは当然の成り行きであった。

神田川の水上バスの運航が計画されたとき、飯田橋の船着場は交差点近くに計画されたが、周辺のスペースがあまりに貧弱であることが問題となった。人の集まる場所がないのだ。水上バスが運航されれば、飯田橋から後楽園や神楽坂、さらには市ヶ谷、千鳥ヶ淵まで足を延ばす散策ルートができよう。そうなれば、案内所や休憩所など屋根のある待ち合わせのパブリックスペースが必要になるだろう。

歩道橋がなくなった飯田橋交差点は、橋詰めの楠も大木に育ち、歩行者はスムーズに歩けるようになったものの、単なる交差点にすぎない。メンバーたちはこれまでの活動を通じて知り合った町会や商店街の人たちとともに「公共の場」について、もう一度考えることにした。

話し合いの結論は、もう一度歩道橋をつくろうということであった。

しかし、今度の歩道橋は「横断歩道橋」と呼ばれるような歩車分離機能ばかりでなく、都市の「場」をつくり出すための橋であった。

メンバーは、住民とともにまちづくりをするという視点で新しい橋を計画した。海外の橋も参考にした。ポンテベッキオは商店の建ち並ぶフィレンツェの名橋であるし、ベネチアのリアルト橋も都市の場をつくり出す意味あいが高いものである。ニューヨークのブルックリンブリッジは車道の上に木製のデッキに覆われた、ベンチのある歩行者空間がある。

そして、飯田橋の交差点の上につくる広場の案がまとまった。

二〇××年×月

飯田橋の五差路の上に、中央にぽっかりと穴の空いた円形の広場ができ上がった。要所にはエレベーターやエスカレーターがついていて、地下鉄や水上バスの船着き場、JR飯田橋駅や周辺のビルともつながった。広場にはキオスクや案内所、花屋、カフェなどがつくられ、行き交う水上バスを見ながらコーヒーを楽しむこともできるようになった。

　待ち合わせに使う人も多く、週末には多くの人が集まるようになり、ついには大道芸人が現れ、賑わった。

　この広場ができると、隣接するJR飯田橋駅も改造されることになった。飯田橋駅はプラットホームが弧を描いているために、電車とプラットホームの間が大きく開いて危険なことが指摘されていたし、周辺の再開発が進んで乗降客が増え、駅としての機能がパンク状態であったのだ。

　やがて、飯田橋駅前の広場は過密都市東京のアイディアとして高く評価された。東京都がこの計画に大乗り気であったので、かくも早く実現したのである。この計画は、これまでの全国の駅前につくられた歩道橋や駅前広場がいかに貧弱であったかを明らかにした。豊かな都市空間をつくるための一石を投じる結果となったのである。

　歩道橋に始まり広場に変じたこの場から、二階レベルで神楽坂へ向かう人の流れができたが、駅前の飯田濠を埋めて揚

橋の上の広場にはキオスクや案内所ができ、
待ち合わせの人などで賑わうようになった（作画：芳谷勝瀰）

場がなくなったことに、商店街の人たちはまだこだわっていた。そして次のようなアイディアが出された。

まず、掘割を元のように戻し、地上との接点である揚場をつくり、そこに水上バスが接岸できるようにすること、また、その先に閘門《こうもん》をつくり、水上バスを市ヶ谷の濠まで運航させようという案であった。

二〇××年四月一日

日本橋から外国人観光客をはじめ、多くの人たちを乗せた水上バスが、復元された飯田濠の揚場に接岸したあと、新しくつくられた閘門に入った。

閘門を使う第一号船である。閘門自体が珍しいので、多くの人たちが周りに集まった。見守る人たちは皆、水上バスがゆっくり上がっていく様子を興味深く見守った。

やがて、船は市ヶ谷濠に入り、乗船客からは外濠の四周に咲き誇る満開の桜に大歓声が上がった。

市ヶ谷濠を水上バスが行く（作画：芳谷勝濔）

二〇〇三年七月

◇注

この原稿は、二〇〇三年、筆者が日建設計在職中に社内の都市建築研究所で作成した『飯田橋交差点を考える』に載せたもので、あくまで物語です。

あとがき

小倉　善兵衛

私は善明(よしあき)が本名だが、なぜか善明(ぜんめい)と呼ばれたりしてきた。訓読みか音読みかということなのだが、特に気にしないでそれを受け入れてきた。しかし、外国の友人ができるたびに呼び名の選択に迫られる。「Yoshi」と呼ばれるのが普通だけれど、最近は、「Zen」と呼ぶ奴もでてきて、子供のとき「ヨッチャン」と呼ばれていたことが分かると「Yoshi-san」とかややこしい。最近は善兵衛でものを書くと「善爺へ」とかで返事が来る。

ちなみに孫には「ぜんさん」と呼ばせている。

昔から、年をとったら名前を変えようかという漠然とした願望があった。本文にも書いたが、私は「善平」という曾祖父の名前と人柄がなにか受け入れやすく、「善平」なんていいなと思っていたが、なぜか「善兵衛」と名乗ることが多くなった。

芸名とか俳号とかを名乗る人は多いが、別名を持つことでなにか生き方に幅ができるような気がする。私と、もう一人の自分や分身がいるような気分だ。自分を客観的に見ることもできるし、分身に変身させてもいい。人生の相棒にもなる。

「おい、善兵衛考えてみろ」なんて言うと、自分では考えないようなことも考えられるから不思議だ。私はもともと空想とは言わないが、考えごとをするのが好きなので、善兵衛という相棒は気に入っている。

設計という仕事は、空想を現実のものに変えていくプロセスのようなものだと思っているが、何もこれは設計ばかりではない。料理もそうだし、釣りもそうだ。釣りをする日の前の晩などは、釣りのことで頭がいっぱいになる。仕掛けも工夫するし、釣れる場所についてもあれこれ思案する。一人でニヤニヤしているときもある。これは頭の中が大漁のときだ。いつでも魚が釣れるとは限らないし、思わぬ大漁のときもある。しかし、天邪鬼《あまのじゃく》と言われそうだが、釣れすぎても面白くないし、まったく釣れなくても面白くない。

いちばん楽しいのは自分の判断が正しかったことが釣果《ちょうか》で証明されるときだ。ただ、この場合、一緒に行った仲間は私に対して、尊敬のそぶりはまず見せない。

悔しいのだ。

その逆もある。この繰り返しが「遊び」となる。遊び仲間は尊敬したり、悔しがったりしあうのだが、密かに腕を磨きあう。これが上達への道で、ときには「ざまあ見ろ」と勝利の雄叫びを心の奥で叫ぶこともできるのだが、これもなるべく控えめに自慢しないといけない。

だけど、建築の設計でも「いい建物ですね」と褒められたときがいちばん嬉しくなるのと同じように「善兵衛さん、大漁だね」と言われると素直に嬉しい。

また、「こうすればよかった」と反省する心が次の仕事へのモチベーションとなるのと同じように、「次はこうしたらいいな」と思う心が次の釣行《ちょうこう》へのいざないとなる。だから仕事も遊びもやめられない。

このところ、仕事を楽しむ一方、遊びを真面目にするようになった。善明が楽しんで、善兵衛が真面目にやっているということだ。

遊びも釣りもあるし、テニスもある。料理とか書きものは仕事に近いから、だんだんその区別がしにくくなり、こんがらがる。訳がわからなくなって忙しくて面白い。

*本書の表紙と本文に掲載した写真とイラストは、一部を除いて著者の手によるものです。

著者プロフィール

小倉《おぐら》 善明《よしあき》

一九三七年　東京生まれ

一九六二年　東京大学工学部建築学科卒業、日建設計工務株式会社(現在の株式会社日建設計)に入社

一九六六～一九六七年　ハーバード大学大学院留学

一九六八年　日建設計に復職。取締役、常務取締役、顧問を経て二〇一二年退社。現在はStudio-O主宰

二〇〇二～二〇〇四年　一般社団法人日本建築学会副会長

二〇〇四～二〇〇六年　公益社団法人日本建築家協会会長

二〇〇六～二〇一一年　2011UIA東京大会日本組織委員会会長

二〇一一年～現在　一般財団法人国際建築活動支援フォーラム理事長

主な作品

三井物産本社ビル(BCS賞)

新宿NSビル(日本建築学会作品賞、BCS賞)

三井住友海上駿河台ビル(BCS賞)

ソリッドスクエア

聖路加国際病院再開発事業(日本建築学会業績賞、BCS賞)

JR東日本本社ビル(BCS賞)

著書

『オフィスルネサンス』(共著、彰国社、一九八六年)

『建築がまちを変える』(共著、日経BP社、二〇〇五年)

『美し国への景観読本』(共著、日刊建設通信新聞社、二〇一二年)ほか

建築家《けんちくか》　善兵衛旅日記《ぜんべえたびにっき》

遊《あそ》んで学《まな》んで考《かんが》える三十一話《さんじゅういちわ》

2018年11月20日　第一刷発行

著者
小倉《おぐら》 善明《よしあき》

発行者
和田 恵

発行所
株式会社日刊建設通信新聞社
〒101–0054
東京都千代田区神田錦町3–13–7
Tel 03–3259–8719
Fax 03–3233–1968
http://www.kensetsunews.com

ブックデザイン
鈴木一誌＋大河原 哲＋吉見友希

印刷・製本
株式会社シナノパブリッシングプレス

乱丁・落丁はお取り替えいたします。

ISBN978-4-902611-78-6　C3052